梦山书系

学校如何改进
SCHOOL

储朝晖 ◎ 著

海峡出版发行集团 | 福建教育出版社

图书在版编目（CIP）数据

学校如何改进 / 储朝晖著. —福州：福建教育出版社，2025.4 —ISBN 978-7-5758-0052-5

Ⅰ.G47

中国国家版本馆CIP数据核字第20256VS855号

Xuexiao Ruhe Gaijin

学校如何改进

储朝晖　著

出版发行	福建教育出版社
	（福州市梦山路27号　邮编：350025　网址：www.fep.com.cn
	编辑部电话：010-62027445
	发行部电话：010-62024258　0591-87115073）
出 版 人	江金辉
印　　刷	福建新华联合印务集团有限公司
	（福州市晋安区后屿路6号　邮编：350014）
开　　本	710毫米×1000毫米　1/16
印　　张	13.75
字　　数	198千字
插　　页	1
版　　次	2025年4月第1版　2025年4月第1次印刷
书　　号	ISBN 978-7-5758-0052-5
定　　价	48.00元

如发现本书印装质量问题，请向本社出版科（电话：0591-83726019）调换。

目录 Content

引言 教育改进才刚开始 / 001

第一章 学校改进之魂 / 009

1. 百年后教育更需要改进 / 011
2. 中国教育的文化自信从哪里来 / 017
3. 我们离好教育有多远 / 020
4. 教育评价改进关键在于从"一"到"多" / 025
5. 探索教育的目标公平，实现人人教育平等 / 027
6. 没有思想的学校就不可能成为品牌 / 031
7. 国学教学在于培养有根的现代人 / 035
8. 从事教育研究和为教育决策服务的回顾与思考 / 037
9. 增强平等和自主才能有效推进城乡教育协调发展 / 054
10. 转变教育价值观，重塑县域教育生态 / 058

第二章 学校改进之基 / 061

1. 以人为本的教育才能科学发展 / 063
2. 重振农村小规模学校需走简政之道 / 065
3. "人人有良师"需要政府担起责任 / 066
4. 财政如何保障教育经费 / 069
5. 绩效工资不能成为"官效工资" / 077
6. 良好的教育生态应遵守校际伦理 / 080
7. 推动衡水中学从"野蛮"向理想境地探索 / 083
8. 幼儿教育要走出政府包办观念建立良性生态 / 085
9. 该不该撼动中小学英语主科地位 / 089
10. 起草好的教育规划要心中有人 / 091
11. 教师当下最需要的还是尊重 / 093
12. 好教师必须是智慧的 / 097
13. 走好教师职业生涯道路的六个关键要素 / 102
14. 能培养出高分学生的就是好老师吗？ / 105
15. 优化大学教师薪酬结构 / 106
16. 教授能否终身制，专业评价是关键 / 109
17. "名师"是歧路，良师才是正途 / 111

第三章 学校改进之行 / 117

1. 教育惩戒权的边界在哪里 / 119
2. 教育惩戒艺术仍值得继续探索 / 120
3. 论幼儿自主游戏 / 122
4. "学习效果稳步下降"根子在哪儿？ / 132

5. 不能让课堂成为学生发挥创造力的"宰场" / 134

6. 未成年人网络保护：技术为主，家长为辅 / 137

7. 叫停家长检查批改作业，为何总是难落实 / 139

8. 让孩子在手机外发现丰富多彩的世界 / 140

9. 家校社协同育人实施策略 / 141

10. 家校社协同育人有良方 / 148

11. 暑假托管核心在于助力学生的健康成长，而非服务家长 / 149

12. 教育应以人为本，批评教育不能突破尊重的底线 / 151

13. 落实"双减"政策，自主性能促高效 / 152

14. 落实"双减"政策，要靠学校实现提质增效 / 155

15. "双减"背景下，教师如何提质增效 / 163

16. "双减"需要教师的担当与能力提升 / 168

17. "中考省级统一命题"：减负路上的重要一环，而非唯一主角 / 177

第四章 学校改进之治 / 183

1. 教育学发展要适应高质量建设 / 185

2. 提高公办中小学活力具有重要意义 / 189

3. 完善学校治理须建立密合有效的责任链 / 195

4. 教育数字化转型须遵循三大准则 / 199

5. 理性看待信息技术对教育的作用 / 203

6. 如何进入在线教育良治状态 / 205

7. 新冠病毒给教育人带来的思考 / 207

8. 警惕教育数字化被误导为"智慧教育" / 210

引 言

教育改进才刚开始

"教育改进"这一概念源于1921年中华教育改进社的成立,这是中国教育前沿学人对中国教育未来发展方向的期望和概括。这个新概念不仅代表了理念的转变,更是实际行动的集结与组织。时光荏苒,90年后的2011年,一些人对眼下的教育状况深感不满,他们渴望找到把教育办得更好的方法和路径。于是,他们集结在重建的中华教育改进社的麾下,致力于推动教育的持续改进和发展。

2011年,当我长时间对教育改进的思考最终转化为重建中华教育改进社的实际行动时,我以为教育的改进已经开始了。然而,随后的实践却告诉我,还有不少事要去做。直到2013年中华教育改进社第一届理事会成立,我再次以为教育改进的征程正式展开了。我和一群有共同志趣的朋友们,从我们能做的事情开始,努力推进我们所认为的教育改进。过去的5年里,我们取得了一些令人惊喜的成果,也得到了社会的认可。然而,当我们回头看看现实中教育的种种问题,我们所做的工作与之相比,仍然显得微不足道,犹如蚂蚁搬山一样,我们所追求的教育改进,实际上依然刚刚开始!

转眼间已经过去了10年,教育改进的理念与方法逐渐形成了学术流派,其中汇集了国内外拥有深厚专业基础的实力派学者,他们以求真、求实、求善、求美为鲜明特征,对待学问一丝不苟,做人则刚正不阿。尽管他们各自属于不同的专业领域,但都对教育改进怀有共同的追求和热情。

10年来,以教育改进为目标,逐渐形成了一支致力于改进行动的团队，大家心怀理想社会，为实现更好的教育而共同努力。无论身份地位、体制内外、年龄大小、学历高低，我们都齐心协力，共同前行。在平等的原则下，我们不计报酬地贡献自己的力量，坚信改进教育先从改进自己做起。我们以这种方式，传承了1921年创建中华教育改进社的那些先辈们所承担的社会责任，展现了新时代教育改进者的使命与担当。

10年来，这个团队不断有成员加入和离开，他们来自不同的地方，参与的程度和频率也各不相同。然而，正是那些认同教育改进理念的成员，选择了留下并坚守，同时也不断有新的认同者加入我们的行列。大家按照自己的内心所向，自由地选择加入或离开，没有任何门槛或阻拦。尽管我们并未进行大规模的宣传动员，但凭借扎实的工作和实际的成果，我们的团队从最初的30多人发展到了300多人。尽管有成员不断地进出，但我们的团队依然保持着连绵不断的活力和热情。

我们在发布中国年度教育改进报告、推进高考招生制度改革、建设第三方教育评价、启动良师引领、传播现代教育思想等方面取得了显著成果，并得到了国内同行的广泛认可。同时，我们也曾尝试在涉及的区域和学校中积极推进教育改进，包括在民办教育和幼儿教育领域也迈出了坚实的步伐。然而，与整个社会对于教育改进的巨大需求相比，我们目前所取得的成果仍然只是冰山一角，教育改进的征程依然才刚刚开始。

第一，我们必须承认，目前我们的教育改进成果或绩效相对较小。自2011年12月中华教育改进社重建以来，我们在高考改革、第三方教育评价、区域及学校教育改进、教育交流与出版等方面的政策研究上投入了大量精力。同时，我们还积极探索并普及了叶企孙、陶行知、杜威等教育家的思想与理念。这些探索不仅对当前的教育改进有积极影响，更有可能在未来二三十年内持续发挥作用。当然，在探索过程中我们也积累了许多宝贵的经验和教训。这些经验和教训是我们继续前进的重要资源和宝贵财富。然而，与整个社会对教育改进的期望和需求相比，我们仍需付出更多努力，不断扩大教育改进的成果和影响。

经过10年的努力，教育改进工作取得了可喜的成果，并得到了媒体的广泛传播和业内的高度评价。然而，我们也要清醒地认识到，尽管有所进步，但中国的教育整体上并未实现显著的改进，甚至在某些方面出现了"改退"的现象。这表现为学生的学习自主权被剥夺，导致学业负担加重、恶性培训泛滥，学生的身心健康受到损害；教育行政权力的过度集中加剧了学校间的同质化问题；评价权力的集中也导致了评价模式、内容和标准的单一化，严重限制了学生多元发展的空间。这种局面是社会因素共同作用的结果。改进社作为其中一个力量虽然致力于教育改进，但目前影响力仍然有限。要实现整体的教育改进，需要更多团队和个人的参与，并不断增强改进意识。当前，我们已经明确了改进的大方向，但仍须进行细致的校准。我们的主要工作重心在于第三方教育评价，但同时也须根据实际情况，在实践中做出适当调整。

教育的问题增大，教育改进的需求也就增大了，教育改进者就需要用更大的力量才能推动教育改进，并且做出更高的教育改进业绩才可能使整个教育系统呈现出逐渐改进的状态，争取达到这一状态是我们接下来努力的方向。

第二，我们的教育改进团队仍然偏小。目前加入改进社的社员仅有300余人，而他们的工作状态也各不相同，真正在教育改进中发挥实际作用的成员数量仍然有限。考虑到中国拥有2亿多在校学生和2000余万的在职教师，以及大量的教育行政人员、相关行业从业者和家长等关键群体，实际上与教育紧密相关的人口大约占14亿总人口的7/10。

因此，为了有效地推进教育改进，我们需要不断地扩大团队规模，激发更多人的参与热情。

相对于中国庞大的学生群体、教师队伍及相关教育工作者和家长的数量，改进社的团队规模确实偏小。但这不应成为我们推进教育改进的阻碍。相反，我们应该坚信，我们所倡导的教育改进是绝大多数教育工作者和当事人内心认可并追求的目标，也是实现教育变革的现实途径。只要我们在专业上有独特的见解，并具备有效的方法，就能赢得更多人的支持和参与。在这样的前提下，我们可以联络更多志同道合的人士，他们可以加入改进社成为社员，也可以选择以其他方式支持或参与教育改进工作。这样的合作与联动，必将有助于推动教育改进的步伐，为更多学生和教育工作者带来积极的影响。

基于这样的理念，我们将积极主动地去汇聚那些对教育改进充满热情、具备相关专业能力、知识和技能的人士。我们的目标是构建一个更加资深、有影响力的团队，共同推动教育改进的进程，以造福更多的学生和教育工作者。

第三，对教育改进的理论探究还不够深入。理论是教育改进的基石，它为我们提供了判断是否需要改进以及如何改进的依据，同时也是引领我们感知教育问题、探索改进方向的明灯。然而，中国当前存在的许多教育问题正是因为缺乏基本教育理论常识而导致的。如果我们能够具备更多的理论知识，许多问题或许能够得以避免。遗憾的是，类似的事情不仅在我们的眼前发生了，而且在没有得到有效约束和控制的情况下还在不断蔓延和扩大。因此，加强教育改进的理论研究和实践应用变得尤为迫切。

过去几年，在改进社成员的参与和面临的实际问题推动下，我们进行了一些理论研究，但这些研究在整体工作中所占比例还是太小，理论发挥的作用也不大。在特定的情况下，理论本身就可以成为教育改进的动力、工具，也是教育改进过程中的路标。所以，今后要进一步加强教育改进社在理论研究方面的工作。我们将积极与走在世界前沿的教育改进学研究机构建立更加紧密的联系，组建专题研究团队，针对现实中存在的重大教育问题开展相对独立和深入的理论研究。我们的目标是增加教育改进社的理论产出，并通过广泛传播，让更多人了解和应用这些理论，进而发挥教育改进的效能。

第四，教育改进的有效机制目前尚未建立和完善。改进社的优势在于其广泛且强大的专业资源储备。自成立之初，我们就立志打造一个相对独立、超脱的教育专业团体，坚守社员主体原则，力求避免成为频繁举办活动的组织者，而是致力于成为社员实现自身教育改进目标的专业后盾。一旦社员确立了他们的教育改进目标，他们将制定自己初步的改进方案，随后改进社组织专家对这些方案进行修改和完善。通过这种方式，我们利用专业资源和监督评估等方式，全力支持社员或单位社员达成他们的教育改进目标。然而，在实际操作中，我们确实遇到了执行不畅的问题。有不少教育机构本身不仅找不到自己的教育改进目标，甚至未能及时意识到自身存在的问题。因此，我们需要在这一领域进行更深入的探索。有人提出，只要相关机构或个人表达出改进意向，我们可以组织专家进行诊断，随后为他们制定改进方案和规划，并监督对方执行。这一建议为我们提供了新的工作思路。

我们可以考虑将工作的起点提前，更加积极地与各方进行协调和沟通。在实施过程中，我们必须确保各个环节的顺畅与高效，同时也要避免相关机构或个人过分依赖专家，忽略了自己的主动性和责任感。我曾经想过对与改进社合作的教育机构说："我们追求的是共同的改变和进步，这应当成为我们合作的基本原则。"

从改进社自身来看，机制建设就是改进社的身段怎么放更有效的问题。从有效性上看，不少教育改进需要通过有执行力的公司实体，我们也在做这方面的努力。在继续保留改进社是一个相对超脱的智库的基础上，建立教科评公司，运行与改进社相关的教育改进项目，让智库长脚，落实专家们对教育改进的思考。今后教科评要聘请专业人员，做好专家与一线教育机构的联络，而且要尽可能把它做实、做得有效。

改进社在第三方教育评价方面已经初步具备了一些基础，但是一定要头脑清醒，不要错失发展机遇，要进一步开拓进取，提高专业性和实操性，拓展市场。这一问题我们将通过第三方教育评价机构联谊会展开讨论、深入研究，并在实践中进一步探索。

我想着重讲的是与第三方教育评价在同一层面上，改进社想开拓出另一片教育改进的天地，建立教育改进园，让改进社支持的项目都进入教育改进园。它的第一批也是相对固定的成员就是单位社员，依据新修改的改进社章程，除了需要有5名以上的社员，定期缴纳社费之外，还增加了"必须与改进社有一项合作项目"这条，具体的项目由各单位社员依据自身的需要与改进社协商确定方案，秘书处要与各单位社员密切沟通，用好这一新机制，为各单位社员的发展提供对方真正需要的专业支持。教育改进园是开放式的，可接收非社员单位进园，在他们提出明确、具体的要求后，通过项目的方式与他们合作。

我希望教育改进园建成一个教育改进的百花园，可接收各学段的学校、组织、机构，可以为各级教育行政部门提供专业服务，也可以解决民间的教育改进问题，关键在于这个园里需要一些会使用这个机制、有一定专业基础，又善于经营的人，希望各位社员也积极联络，从一个个存在问题的点出发去解决多种教育改进问题。

第五，最为重要的是教育改进精神需要进一步凝练。教育改进社与其他组织、社团、公司的不同之处在于，它是一个由具有某种特定精神的人群组成的专业志愿者团队，它的产生、运行及发展都需要靠一种精神，而不是仅仅靠物质、权力、关系。在过去的10年里，我们就是因为有了这种精神才克服了重重困难，白手起家，最终做成了一些别人认为难以做成的事，对此我要衷心感谢各位社员朋友的陪伴和付出。同时，与进一步推进教育改进的要求相比，我们感到教育改进精神在不同人身上表现得有些不均衡，作为一个团体凝练程度也不够。改进社的基本定位是专注于专业的教育改进，在设计改进社的LOGO时，我认为它应该蕴含一种深沉的爱，这种爱是对每一个成长中的个体所展现出的真挚关怀。同时，这个LOGO也应该外显为一种"刀"的形象，这既是解剖刀，也是手术刀，意味着我们对教育存在的问题持有毫不留情的剖析和改进态度。因为只有当这把"刀"足够锋利时，我们才能更精准地识别问题，更有效地实施改进措施，最终实现我们对教育改进的真挚之爱。

我们要通过实施教育改进行动来彰显这种精神，并引导越来越多的人在教育改进的具体实践中，从表面到深入、从感性到理性，逐步加深对这种精神的认同和理解。

改进社的换届会议就是为了达成新共识、组建新团队，开创以专业方式把教育办得更好的新事业。希望各位社员朋友们充分发表、交流教育改进意见，总结历年工作经验，明确推动中国教育改进的历史使命。

改进社是一个由怀揣理想、致力于推动教育改进的志愿者组成的团队。我们将继续坚守包容性原则，不分身份地位、年龄学历，广泛吸纳志同道合的伙伴。我们倡导互助的精神，不计回报地贡献自己的力量，从自我提升做起，不断发现自身的问题和缺陷、顺应发展需要、扩大自身格局、提高见识、强化团队合作能力、采取切实措施，在完善每个人的基础上完善改进社，以期更有效地实现我们的教育改进目标。

10年来，受限于人手短缺、资金匮乏、实践中的理想与现实差距以及严峻的工作环境，许多期望开展的教育改进活动未能如愿进行，而一些希望拓展的教育改进项目也仅在小范围内得到实施。有人赞誉中华教育改进社为中国当前教育的高山流水，纯净而又珍贵，我们要继续保存、坚守中华教育改进社的这份纯净品格，在与社会各界的合作中，我们必须警惕避免陷入商业利益、功利心态和非专业行为的俗套，应像呵护生命一样珍视和保护其声誉。同时，我们也要防范曲高和寡的风险，努力确保改进社的专业资源能够如春雨般悄然滋润到最偏远、最急需专业引领的教育实体中，让普通百姓也能受益。实现这一目标的关键在于找到合适的人才，并以恰当的方式推进教育改进工作。

教育改进将是社会的一种恒久且日益强烈的需求，教育改进才刚开始，希望各位继续传承1921年创建中华教育改进社的先贤们的社会责任感，克服可能遇到的重重困难，为了每个人的幸福，共同行动起来参与教育改进。

第一章

学校改进之魂

1. 百年后教育更需要改进

"改进"是中西教育先贤在中国教育现代化的关键节点产生的概念。中华教育改进社是中西教育先贤的共识与同心协力共谋改进的产物，它自成立就成为教育改进责任的承担者和履行者。

北京大学原常务副校长王义遒先生认为，中华教育改进社的成立是中国现代教育的真正起点和核心标志。这一标志的内涵首先体现在对"学而优则仕"以及教育仅为提高身份观念的摒弃，其次在于确立了教育培养健全人格的新观念。中华教育改进社之所以具有如此重要的价值是因为它代表了中国近代教育与现代教育的分水岭。现代教育追求的是工人、农民等社会各阶层人士都能享有的平等教育，即平民教育。从中华教育改进社的经历中，我们可以汲取宝贵的启示：教育改进不能单纯局限于教育领域内部，而应与社会整体改进同步推进。

（1）教育改进是千年中西会成

查阅《辞典》可知，历史上"教育改进"这个词并没有明确出现。直到1930年，商务印书馆出版了由唐钺、朱经农主编的《教育大辞书》，该书主编特别邀请陶行知[①]撰写"教育改进"的词条。当时，陶行知基于中华教育改进社成立后的活动情况来撰写，但并未对"教育改进"一词进行追源和明确的概念界定。回顾过去一百年，我们可以发现，教育改进是一个结合了中西方千年文化、历史和发展而形成的概念，是一个必然产生的过程。经过两千多年的发展，特别是自独尊儒家之后，中国教育在鸦片战争失败后开始逐渐融入整个世界体系。在这一过程中，教育以不同的特征在不同阶段融入。一百年前，包括蔡元培、黄炎培、范

---

① 陶行知.陶行知全集（第2卷）[M].成都：四川教育出版社，1991：576、581.

源濂等在内的中国教育先贤,以及他们的学生辈如郭秉文、陶行知、蒋梦麟、胡适、张伯苓等人,与西方教育先贤如杜威、孟禄等人汇聚一堂,共同探讨中国教育的问题所在,最终形成了"不实"的共识。如今看来,这个共识是极为准确和贴切的。

正因为识别到了中国教育存在的"不实"问题,所以在杜威到中国讲学两年多以后,即1921年,中国教育家在送别杜威时,特地拜托他推荐一位擅长调查的人到中国来。因此,孟禄被推荐至中国,并成立了实际教育调查社作为调查实施机构,这成为了后来组建中华教育改进社的三个机构之一。孟禄与陪同他的陶行知、王卓然等人经过深入调查,得出了一个重要的结论:推进教育现代化的有效途径就是进行教育改进。

从"不实"到"改进"的发展过程,使用"中西会成"这一词汇来描述更为贴切。"会"与"汇"不同,"会"指的是在相互交流和沟通的基础上,形成的内在心灵的、精神的和思想观念的交融,而不仅仅是物理上的汇聚。因此,"改进"这一词汇可以说是中国教育现代化进程中中西文化交融的产物。中华教育改进社正是在这种交融的背景下成立的。如果没有中西文化交流与融合的潮流,没有中西教育先贤的共识与共同努力推动教育改进,没有兴起的教育改进思潮,那么中华教育改进社就不可能应运而生。

(2) 教育改进追求适合本国国情及生活需要的好教育

中华教育改进社自成立之日起,就确立了"调查教育实况,研究教育问题,力谋教育改进"的宗旨,致力于成为中国教育改进的责任承担者和实践者。随后,改进社进一步提出"本社今后对于教育之努力,应向适合本国国情及生活需要之方向进行"的理念,强调了在教育改进中既要关注"本国国情"的特殊性,又要考虑"生活需要"的实际性。这两个关键词"本国国情"和"生活需要"不仅是中华教育改进社教育改进活动的核心导向,而且与陶行知后来提出的生活教育理论形成了直接的呼应和关联。自成立以后,中华教育改进社通过发起调查、举办年会、开展国际交流等多种有效的教育改进活动,逐渐发展成为中国最大的教育研究社团，并对中国教育现代化进程起到了重要的组织和推动作用。

在当时，中华教育改进社积极参与世界教育会议，撰写了四十余篇调查报告，并通过年会的形式加以推进。每次年会都能吸引几千人参加，这在一百年前是难能可贵的，与现在线上活动参与人数的普遍现象在技术条件上不可同日而语。除此之外，中华教育改进社还积极参与世界教育会联合会会议，与世界新教育进行国际交流与互动。其中，郭秉文曾担任世界教育会联合会副会长和亚洲分会的会长，这些都为中国教育改进和国际交流注入了新的活力，有力地推动了中国教育的现代化进程。

中华教育改进社将好教育作为教育改进的目标。陶行知在"教育改进"词条里将教育改进的目标设定为追求好教育，认为教育改进就是追求好教育的一种方法、一种途径和一种方式。相对于中国教育现代化的其他路径和方式，教育改进方式的特征是平缓、渐进、理性、广普、优选、可持续。第一，它是平缓的，它不是革命、不是颠倒重来、不是推翻；第二，它是渐进的，没有时间限定；第三，它是理性的，不是情感主导的，而是靠理性驱动；第四，它是广普的，大到一个国家，小到一所学校、一个班级、一个家庭，甚至是微观的个体都可以改进；第五，它是优选的，是经过一些教育先贤反复筛选出来的相对更好的一种方法；第六，它是可持续的，陶行知在"教育改进"词条里的表述是"继续不断的改，继续不断的进"，所以教育改进是一个永无止境的过程。

教育改进的范围大到教育方针，小到微观的教育教学方法，以及更加细微的对个体的诊断，凡"不好"的皆可被纳入改进范围。教育改进有三个法宝。第一个就是思想、思潮、理念、理论、学术、想象等由思想类资源组成的一个整体，包括当时的新文化、新教育和进步主义教育思潮。第二个也即最关键的法宝是调查与考察，就是要明确问题与改进的需求所在。"调查"的对象主要是中国国内的国情和教育状况，而"考察"的对象则是国外的先进理念和做法。当时对中国教育发挥作用较大的是黄炎培、孟禄作的调查。此外，影响教育改进较大的是吴汝纶对日本教育的考察以及郭秉文、张伯苓等人对美国教育的考察。第三个法宝就是试（实）验，陶行知在其文本中用得较多的是"试验"，有一些学者也用"实验"。两者虽有差异,但相同的都是先设一假定然后通过实践来进行验证。陶行知办的晓庄试验学校、育才学校,包括梁漱溟等人开展的乡村实验都是试验和实验。"教育改进社以试验学校为一切教育改进之大本",从陶行知这句话中可见当时对实验的重视。

思想理论、调查与考察、试验与实验是评价和衡量教育是否具有现代性的重要依据。前文所述的培养健全人格是改进内容的标准,而三个法宝则是改进理论与方法的重要参考标准,这也进一步证明了中华教育改进社是中国现代教育的肇始和推动者。

(3) 教育现代化更需要教育改进

从中华教育改进社在中国教育现代化进程中发挥的重要作用可以看出,教育改进本身就是教育现代化的推进器。要推动教育现代化,就必须用教育改进。而教育改进的前提是要作出判定:改进还是改退?改优还是改劣?改善还是改恶?如果未加判定就贸然行动,就有可能是改退、改劣、改恶。经过评估以后再采取行动就具有判定后解决问题的前提条件,避免了没有思想、理论和判定的盲行盲动,这是教育改进必须要进行的程序。改进包括教育内容、方法、理论和制度等各方面。

与教育改革不同,教育改进具有更广泛的参与性,每个人都可以参与其中。改革通常需要政府发文,进行系统的安排,并由特定的机构来组织实施。而教育改进则更加灵活,它既可以由国家发起、进行系统安排、由机构组织,也可以由个人自主进行。改进者可以根据自己的需要和兴趣,选择形成团队或者单独行动,这是教育改进的一大优势。因此,无论是城市还是乡村,每个人都有参与改进的机会,每个地方都有改进的空间,每个时刻都有改进的需求。教育改进是一个持续的过程,只有进行时,没有完成时,它需要每个人的参与和努力,共同推动教育的不断发展和进步。

中国教育仍处在现代化的进程中,中共中央、国务院发布的《中国教育现代化2035》表明,教育依然需要不断改进。当今教育更需要改进的原因在于:一方面,由于教育总量增长、标准提高,教育本身的多样性和个性化程度不断加大，使得教育改进的需求总量增长、要求提高、方式增加；与此同时，就需要更加精细化、个性化的改进，而非粗放的改进。另一方面，当今教育存在和遇到的问题比历史上任何时期都多，需要有针对性的、个性化的、具体的改进，而非泛泛的、一般的、抽象的、"一刀切"的改进。

中国教育目前仍处于现代化的进程中，根据中共中央、国务院发布的《中国教育现代化2035》报告，教育仍需要不断地改进和完善。当今教育更迫切需要改进的原因在于：一方面，随着教育总量的增长和教育标准的提高，教育本身的多样性和个性化程度也在逐步增强，这导致教育改进的需求总量增长、要求提高，同时改进的方式也需要更加丰富和多样化。这种改进需要更加精细化和个性化，而非简单地粗放式推进。另一方面，当前教育所面临的问题和挑战比历史上任何时期都要多，因此需要有针对性的、个性化的、具体的改进措施来解决这些问题，而非采用一般化、抽象化或"一刀切"的方式来改进。

当今教育改进有了更好的条件。一个典型的例证是增值评价的推动。增值评价理念1966年就被提出来，但1990年前很难推开，原因就在于其计算量太大、计算方法复杂。然而，在计算机以及信息技术和互联网普及以后，很多问题都被轻而易举解决了。新技术的运用使教育改进比以前更方便。此外，人类教育评价的理论、评价实践和评价技术都比一百年前有很大进步。一百年前，评价实际上用的是考试，但现在很多评价的理论和技术都在运用。

改进教育的前提是对当前教育现状进行全面的评价。如果没有对现状进行准确评价，就无法真正识别存在的问题，也就无法有效地进行改进。因此，评价体系的进步对于教育现状的判定至关重要。特别是基于多元智能理论的综合评价，能够更深刻、更精准地反映学生的全面发展情况，为教育改进提供更为精准、可信的参考依据。

当然，教育的参与者，包括学生、家长、教师等，往往会有更多、更高的教育改进诉求和要求，或者更精准的需求。从市场的角度来看，这些要求和需求的变化会推动教育改进，并吸引更多的用户和推动者参与进来。相比一百年前，很多人都是文盲，缺乏条件和能力对教育及其存在的问题进行深入的认知。然而，现在的情况发生了巨大的变化。很多人对教育的认知水平和程度远高于从前，能够更多、更深入、更精准地发现问题并提出改进意见。这种认知水平和参与度的提升，自然会促进更多的教育改进和创新。

需要明确的是，教育改进本身也存在更大的阻力和限制。我们既要看到条件更好了，也要看到现在真正推动教育改进的阻力比以前更大，限制也比以前更多，所以现在更需要教育改进，需要更大的动力来推进教育改进。

教育改进在各种教育变革中具有独特性和不可替代性，其特征主要体现在三个方面。首先是深刻性、理性和系统性。古代人没有提出教育改进的原因在于其没有那么深刻和系统的认识，对各种方式方法的判别和选择空间没有那么大。而一百年前因为一批智慧先贤的出现，才有中西会成的过程，也才有教育改进。因此，改进是一个特定历史时段产生的智慧的行动方式与方法。其次是对于解决复杂问题的优势。与改革不同的是，改进可以提供多主体参与，可以解决复杂的系统问题。多主体参与的改进并非指大家按照同一指令统一进行，而是各自从其站位判定自己所面临的问题是什么，进而确定改进方案并协同解决问题，旨在通过建立有效的机制让个体行为朝着改进方向发挥作用。最后是同一系统中不同主体的个性化、差异化的角色与策略对于解决复杂问题的优势。改进需要参与各主体的协同，但不是用同一种方法"一刀切"地解决问题。如，现在进行的"双减"就是一种需要学校、家庭和社会各方面协同解决问题的改进过程。

当今教育最需要的改进主要有三个方面。第一，要在对现有教育现状与问题评估的基础上重新构想未来教育。联合国教科文组织发布的《共同重新构想我们的未来：一种新的教育社会契约》报告强调"塑造真正和平、公正和可持续的未来"，这可以帮助我们理解在世界局势复杂多变的当下，教育改进的重要任务。第二，要重新沟通、理解和会成。对于世界格局的新变化，我们需要加深对沟通的认识，理解并推进深层的会成。从过去仅在时空与技术上沟通深化为心灵沟通，进一步理解陶行知"共生"的内涵。第三，各类主体的共建共创共享。改进应是所有人都参与的事业。只有坚持用不疾不徐的方式参与教育改进，才能把教育办得更好。

2. 中国教育的文化自信从哪里来

中国教育要建立自信，至少需要三个层次的支撑。首先，教育自信应建立在中国广博的文化根基之上；其次，当今中国人的教育自信要建立在对包括中国在内的世界教育的全面了解的基础之上；最后，我们的教育自信应当建立在专业理性的基础之上，而非简单地与别人比较。

第一，中国的教育自信建立在中国广博的文化根基之上。在人类的历史进程中，中国的历史悠久、包罗万象。在古代，不仅拥有儒家教育思想，也包括诸子百家等丰富的教育思想、教育文化。这些都是可以作为教育基础的文化。我曾经做过一些研究，出版过《中国近代大学精神史》《中国大学精神的历史与省思》《中国教育六十年纪事与启思（1949-2009）》等著作，还对陶行知先生等一些教育历史人物进行过研究，这些研究都是从历史的角度进行价值判断。我觉得，只有对历史有充分的认知以后，我们才会有这种文化自信。

第二，中国教育自信不仅仅是建立在中国文化基础上的，而应该建立在包括中国文化在内的全球文化基础之上。为什么这样说呢？事实上，近五百年来尤其是1840年以后，人类交往逐渐增多，客观上没有一个纯粹的中国教育，没有一个纯粹的中国文化。教育和文化，中西是交融的，我们所教的数学、物理、化学等理科的内容，主要是从其他国家，从其他文化中学来的。即便是人文方面，哲学领域，自1914年以后，我们也大量地受到了欧洲的新教育以及美国的进步主义教育、国家主义等教育思潮的影响。当今社会已经进入了一个全球化的时代，因此，我们不可能再孤立地讲中国文化，中国文化自信也不可能找到一个完全剔除受其他文化影响的文化基础。

为此，我们要建立真正的自信，就不能回到封闭的老路上去。要避免对立主义的立场，不能将其他国家优秀的文化和教育排除在外，只讲本国的东西，认为只有本国的文化和教育才是值得自信的。封闭和孤立都不可能真正建立自信，孤立的自信，就是一种自负，容易使我们的教育和文化失去平衡，难以持久，对学生健全人格的养成也会带来不良的影响。因此，我们需要进一步开放，建立面向未来的、更加开放的心态，着眼整个人类的文化，作为我们自信的基础，以完整全面的视野建立自己的文化自信和教育自信。

第三，中国教育自信是建立在专业和理性基础之上的。如果没有专业性，那么自信就只是一种世俗的情感，而不是拥有坚实基础的自信。如果没有专业的基础，我们就缺少对文化的分析鉴别。不管是中国的文化，还是西方文化，它本身就不是十全十美的，既有积极的因素，也有消极的因素。

只有当我们保持清醒的理性和专业的判断，才能明确区分出文化的有利面与有害面，进而决定哪些文化元素值得我们自信，哪些需要改进或摒弃。中华文化的庞大和复杂意味着并非所有文化元素都值得自信。以"追求做人上人"的目标为例，尽管这是中国文化的一部分，但我们不应将其作为自信的基础。相反，我们应当致力于改变这种观念，努力构建一个平等、尊重个体的社会，倡导人与人之间平等互助的关系。

教育文化自信的建立实质上是一个对文化理性认同的过程。筛选文化是教育与社会发展曲线一致的认识，对它们进行分析、判断、鉴别，然后形成自己的认同。实际上，文化发展的一个机制就是认同，主要是对过去历史文化积淀的认同。

确实存在一些人对中国的历史文化缺乏了解，所以缺乏文化认同。一些学校表面上很时尚、很光鲜，但事实上它处于无根的状态；一些学校找一个历史名人来作为它的标志，但或许他们对历史名人并不了解，缺乏对名人内涵的挖掘。这些现象都是缺乏自信的非理性、非专业的表现。

影响中国教育自信的关键性因素是什么？我认为有两个。第一个关键因素是教育和文化的过度组织化。过度组织化导致的结果只能是指令和服从。只有指令和服从的时候，人就不能自主地思想和创造，文化就不可能正常地生长和发育、正常地传播。这也是几十年来，中国教育中文化自信缺失的重要原因。文化认同的前提是人有自主性，能够自主判断、自主分析，否则，理性和专业都不可能生成。

第二个关键因素是过度的标准化。只有正确和错误之分，掩盖了文化本身的多样性。在文化中没有简单的对和错的区分，但是过度标准化的教育必然要区分出对和错。这种标准化就不利于文化的发展和自信的建立。在现有教育体制中，标准答案和考试分数支撑着整个教育评价体系。若答案与标准答案相符，则可得分；若不符，即便意味着创新思维的萌芽，也难免被扣分，进而影响考试成绩，甚至阻碍进入更优质的学校。教育本应鼓励想象力和创造力的培养，助力学生成为创新人才；同时，也应通过实证方法提升学生的审辨能力，塑造客观公正的态度。然而，现实却与此相悖。由于想象和实证能力未能得到充分的发展，人的知性不够健全，进而转换为在德行上缺乏正直和道德判断能力。这样教育中的文化自信就慢慢消失了。

所以，要建立教育自信就必须消除或削弱这两个关键因素：其一，消除过度的组织化。倡导和建立一种鼓励自由想象、自主思考和合作创新的文化氛围，改变因循、依赖、沿袭乃至抄袭的常态，为教育拓展更大的空间、更丰富的内容和方法。这就要求政府部门简政放权，积极推进教育管、办、评分离，改革培育社会专业组织机构，激发学校的创造自信和活力。其二，是消除过度的标准化。改变简单的对错评价和单一的分数评价标准，建立多元化的教育评价标准，促进不同的教育者和教育机构在专业理性的基础上，对不同的文化进行辨析、判断、选择，对教育领域各种流行的概念、理论、模式等进行实证研究，基于自身实际进行创造性行动，进而形成多样化的文化和教育生态。这样才有利于我们更好地建立教育自信。

在当下中国，实现教育由行政化、单一化向专业化、多样化的转变是教育改进的大方向。专业化、多样化的教育和学校才能满足天性不同的孩子自主选择的需求，才谈得上是适合的教育。这就要求教育者释放想象空间，用实证的方法挤掉各种泡沫和虚无缥缈的幻想，熟练运用"想象—实证法"去分析和解决教育中存在的问题，形成新的教育图景并寻找实现路径。

3. 我们离好教育有多远

现实中，我们看到学生的学业负担越来越重，学生的身体健康状况指标出现下滑，近视率持续上升。同时，学校的教学内容越来越单一，学生独立思考能力未得到发展，动手操作越来越少，让我们感觉好的教育似乎离我们越来越远。面对这些问题，我们不禁要问：什么是好教育？如何判定我们所认为的好教育是否符合专业标准？以及我们距离理想中的好教育究竟有多远？

（1）好教育是客观的吗？

应该说，好教育的标准中确实有客观的因素，有一部分是可以以测量数据为参考依据的。对于这个常识，普通人都能认可，而且现实中很多人也都是以此为依据判断教育是不是好，但问题就出在仅仅以此为依据来判定。

比如，当存在两种教学理念时，即便一种教学理念的测量结果数值较高，而另一种较低，我们也不能简单地得出数值高的教育就是更好的结论。因为教育的优劣并非仅仅取决于单一的量化指标。有人批评量化管理使得学校变得机械化，过于追求某些单一的或有限的特征值的提升，而忽视了与学生天性相符合的多重特征的发展。

完整的教育质量并不能仅凭客观标准来全面评判。以哈佛大学为例，其在招生过程中不仅关注学生的学术成绩，还注重考查学生的个人特质和使命感，这与中国古人所强调的"志"有着异曲同工之妙。在中国的高考改革中，也开始注重考查学生的综合素质和价值观等非学术性方面的内容。

在教育中，教育形而下的部分通常是可以测量的；但教育目的、教育观念以及教育是为了什么、教育的个性化发展路径等形而上的方面是难以找到客观的指标测定的。但评定好教育不可能忽视它们。

所以，好教育的判定要有客观基础，要使用测量数据作为参考，但又不完全是客观所能完整确定的；有一部分共同的标示，又有一部分没有可比性的个性化指标。不能以客观测量替代、绑架对教育目的、教育理念的追问与追求。

（2）我们是否被"好教育"

现实中确实有部分人被认为接受到了好教育，进入了被大家公认的名校，但不是他所认可的好教育，或者不是适合他的好教育，学校的教学目标、内容、方式方法与他的个性发展不在一条道上，未必能真正将他的优势潜能发挥出来。

教育管理部门和公共教育主办方常常认为，能够大幅度、大面积提高国民素质的教育就是好教育；一些地方政府认为，提高了考大学的升学率就是好教育；甚至还有人简单认为，提高了教育投入就是好教育。

不少地方政府花钱在农村建校舍，结果建起了"漂亮的薄弱校"，还自以为当地的教育已经办得很好了，只是当地村民都不愿把孩子送进去，显示出教育发展水平较低的地区居民都知道自己不愿被"好教育"，或许他们没有足够的辨别好教育的能力，但是他们在意愿上不愿意被"好教育"。在另一端，即便在北上广深这样的大城市，绝大多数人依然在盲目地接受别人确定的好教育标准，通过择校、学区房等方式追求把自己的孩子送进大家都认为好的某所名校，根本不去问这所学校的教育是否符合自己孩子的成长发展，是否能满足自己孩子成长发展的真实、具体需求。在一次活动中，我分享了我的观点："对于中小学生来说，课程标准的学习内容应该只占据他们总学习时间的60%，而剩下的40%应该留给他们去探索自己的兴趣，无论是学习、玩耍还是其他活动。"然而，一位拥有博士学位的大学教师同时也是小学生的家长立刻反驳了我："那是绝对不可行的。"他认为，如果采取这样的教育方式，孩子的考试成绩可能会下降，从而影响他们的自信心。这显示了大多数中国人仍然处于被"好教育"所束缚的状态。那些决定将自己的孩子从农村送往城市的父母，虽然在情感层面上不愿意被传统的"好教育"观念所限制，但他们却往往在认知层面上再次陷入了跟随大众、认同他人定义的"好教育"标准的新困境。换言之，无论他们如何努力，大多数人似乎都难以摆脱这种被"好教育"所定义的框架。

在过于单一的评价标准下，不少学校也处于被"好教育"的状态，把学生考高分作为自己教学水平高的标志，在意各种排名，却罔顾自己的特色、自主生成的教育理念、独特的教育教学体系。这类学校看不到学生天性各不相同，需要设定各不相同的目标和教育程序，忘掉了教育的根本目的，不要求学生成人，忽视学生成人的价值，没有把口口声声说的"以人为本"落到实处，单方面把自己认为的好教育强加给人。有一次我在一所学校，校领导反复跟我说学校怎么以人为本，我就问他："你说了那么多以人为本，但我看到宣传栏里，总共50个框，有学生的框只有3个，有老师的框只有1个，其他的都是领导视察和学生的成绩展示，怎么体现出您所说的以人为本呢？"

被"好教育"的现象不只在中国存在，OECD组织的PISA测试试图建立一个好教育的标准，结果使得世界对好教育的认知同质化；一些大学排名机构也试图建立自己对好大学的标准，结果使对好大学的评价同质化，这样造成的同质使得世界范围内更多的人被"好教育"，必然与人类个体在祖先千百万年进化过程中生成的多样性，以及社会发展需要多样性的人才之间形成抵触和伤害。

好教育确实存在一些共性，但这些共性仅仅是构建好教育的基础，我们不能仅仅看到共性的基础较好就认为自己已经享受了好教育，真正的好教育应该是自主性、个性化、多样性的，它不能由一次绝对知识考试来衡量教育的好坏。真正的好教育是使得特定个体的天性得到充分发展，并使其在个体经验与自主认知基础上确认的志向或使命感得以实现，使他所追求的个体与社会幸福得以实现的教育系统化程序。我们追求把教育办得更好不能止于被"好教育"，而是要追求更多人的自主的、多样的、有选择空间与机会的好教育。

（3）离好教育的远近是由人生目标决定的

如果一个人把有学上当成好教育，现在中国人基本上已经达到好教育的境地了，就不需要什么对好教育的追求了。但是不少人生成了上好学的需求，这一需求既不是完全由客观因素决定的，也不是能够由别人决定的，学校和政府部门都难以确定一个具体的人的好教育标准。也就是说，好教育是由一个人所确立的生活目标决定的，是为他实现生活目标服务的，是每个追求美好生活的人，每个追求实现自己理想的人根据他所处的环境和具备的条件不断向前推进的设定。或者说，人生目标的高低远近决定着我们离好教育有多远。

不同的人自主设定的人生目标各不相同，作为教育专业人又该如何设定好教育目标呢？

对公共教育，衡量好坏的标准在于它能否创设条件使更多的社会成员尽可能自由自主地设定更高的人生目标，生成更多样、更个性、更精细、更包容、有更多选择的教育需求，如果能做到这一点就是相对较好的教育；如果做不到这点或是在这些维度上不足就是相对较差的教育。无论在中国境内的不同地区，还是在世界各国进行横向比较，或是对历史上不同时期进行分析，这都是可通用的评价教育好坏的标准。

对于个体教育而言，衡量其好坏的最低标准在于教育对个体身心健全发展的促进作用有多大，是促进了其发展，还是阻碍了其进步，甚至是造成了伤害。一个良好的教育不应该仅仅局限于培养学生做出标准答案的能力，而是要教会他们如何分析问题，如何进行有效的辩论和思考，如何动手操作，以及如何提出问题。如果一个学生不会反问、批驳、质疑，那么这可能意味着他的天性没有得到正常的发展。在这种情况下，无论学生的考试成绩或其他指标如何提升，这样的教育都不能被认为是优质的。而衡量个体教育的更高标准则在于教育能够在多大程度上以及多长时间内持续地促进个体的自我实现。

（4）好教育最终由每个教育当事人自主设定

试图将教育办得更好的人们也不能自以为自己所办的教育就是最好的，自己所设定的教育目标就是最好的，而应是不同的人都试图办出基于自己经验和判断基础的好教育，不同的人或学校办出不同的教育，教育当事人自主选择适合自己的教育形式，不同的人可能会作出不同的选择，无人选择的教育或学校就会被淘汰。由于这是一个大范围多主体长时期自主选择的过程，在这种机制下，好教育的创办者与好教育的需求者通过相互选择共同把教育办得更好。

在这样的过程中，好教育其实离我们很近，就是能够满足你所面对的对象的具体的教育需求的教育，了解到对象的需求、满足了对象的需求就是办了好的教育。你所办的教育对一个人追求真理和幸福发挥了积极作用，你就办了好教育；如果拖累或延缓了别人追求真理与幸福生活，就是坏教育。然而，旧有的学校体系、教育管理与评价体系在很大程度上阻碍了教育改进过程的正常进行，支撑了一群不读书的教师在拼命教书的现象。改进这个体系客观上成为办更好教育所需要解决的问题。

这样的学校体系、教育管理与评价体系又是现有行政体系这根藤上的瓜，需要以办人民满意的教育为目标，以共建共治共享为基本原则，对旧有的体系进行改进。基本目标是建立新的教育供求链：教育当事人的教育需求—学校与教育机构了解对象教育需求—教育当事人选择学校与教育机构—教育机构与学校提供教育服务—专业评价—教育当事人评价—教育当事人生成新的教育需求。改变当下教育当事人只能吃"大食堂"，只能长期享用单一标准、单一品种的教育的现状。

教育当事人的需求和选择就是教育改进的方向，沿着这个方向就能找到把教育办得更好的近期目标。不少人有一种担心，认为自己是经过专业训练的专业人员，而教育当事人通常是未经过专业训练的，他们的需求是否拉低了专业教育的水平？这种情况确实会出现，但总体趋势无疑是当事人选择促进教育不断向好的方向发展。就如同使用手机的人可能并不完全了解手机内部的原理和技术细节，但手机用户的需求却持续推动着手机制造技术的不断升级和更新换代。

教育的改进既需要远大的目标作为引领，又需要解决眼前切实存在的问题。我们将保持不急不躁的态度，携手共进，共同推动教育的持续进步！

4.教育评价改进关键在于从"一"到"多"

2020年10月，中共中央、国务院印发了《深化新时代教育评价改革总体方案》（以下简称《总体方案》），强调要完善立德树人体制机制，扭转不科学的教育评价导向，坚决克服唯分数、唯升学、唯文凭、唯论文、唯帽子的顽瘴痼疾，提高教育治理能力和水平。

如何深化教育评价改革，怎样才能真正深化下去？必须将当下的教育评价中存在的实际问题和相关逻辑关系弄明白。目前，教育评价主体过于单一、评价权力过于集中，不但造成教育焦虑与内卷的问题，更考问社会公平。

深化教育评价改革目标能否实现，关键就在于如何处理好教育发展与评价中"一"与"多"的关系。这需要在思想观念、评价管理、运行机制等方面走出单一评价的死胡同。

（1）"一"：只有测量，没有评价

原有教育评价的基本特点是评价主体过于单一，主要集中在第二方即教育管理方的评价。第一方学校自身的评价呈现逐渐变弱的态势，第三方教育评价体系未能充分利用和发展起来。评价标准单一，几近用一把尺子量每个学生，让每个年龄组数以万计的孩子按照总分模式去排同一个队，拥挤不堪，学生连带家长和教师的负担不断加重。

事实上，这种模式将所有人都绑在一起，教育焦虑不断加深，课外培训越来越疯狂，甚至已经影响到了整个社会的正常生活、生产和创新以及创造能力的提升。

评价方式单一，表现在主要依靠使用了千余年的纸笔测试，甚至只有测量，没有评价，以测量替代评价，现代教育评价理论与方法很少被

利用。评价功能也是单一的，主要为了选拔升学，进入更好的学校、找更好的工作，挤压并窄化了教育的功能，忽视了教育的目的是培养智能健全的人。

这样的评价与教育事实的多样性、个体天性特征的多样性、社会对人的需求的多样性、个体成长发展过程变化的多样性，以及与此相关的教育的自然与社会条件的多样性、教师与教学情境的多样性之间不只存在反差，在不少情况下还成为障碍。教育评价的"一"与教育评价对象及其环境条件的"多"之间的矛盾，是现行教育评价的主要矛盾。

（2）"唯"：评价权力过度集中且非专业化

"五唯"问题，已经是教育评价系统分外突出的问题了，但人们对它的认识还比较肤浅。"五唯"的背后是非专业的"唯权"，这是导致各种问题积累的根源。在单一评价框架下，"唯"其实远不止5个，而是处处、时时、事事皆可"唯"。近期，某大学教务办推出的"学生成绩必须服从正态分布"的规定引起了公众的广泛关注和热烈讨论，成为了舆论的焦点。这就是一个生动的例子，显示了权力过度集中且评价权力非专业化所带来的问题。

评价权力的非专业化过度集中与统一是一个严重问题。由于是非专业化的，集中统一后由于不自知，常常无视"多"的存在。在横向上，忽视各学科门类的多样性，忽视不同地区和个体的多样性；在纵向上，忽视、无视甚至阻碍学术发展和个体成长的过程性，不能作出符合实际的专业判定，只能用并非专业也不全面的分数、升学、文凭、论文、帽子作为参考依据或中介，挡住各种专业合理的质疑、论证，也阻挡了现代教育评价的新理论、新技术、新方法的使用，还有可能在教育评价上乱作为，使问题进一步扩大或恶化。

面对评价主体过于单一、评价权力过于集中、只有一个主体说了算的现实困境，《总体方案》提出，构建政府、学校、社会等多元参与的评价体系，充分发挥专业机构和社会组织的作用。这说明，教育评价正在迈出从"一"向"多"转换的步子。

(3)"多"：走出死胡同

多主体评价，由不同的专业团队依据专业程序，确定具体所评对象的权重。多主体必然使用多种标准、多种理论、多种方法、多种功能的评价，使教育评价与事实和社会发展的需求更好地相互协调。事实上，一些国家几乎不存在"五唯"现象的原因，就在于建立了多主体参与的多元评价体系。这也从另一个方面印证了只有从根本上树立起多元专业评价机制，各评价主体拥有自主开展评价活动的空间，依据具体的评价对象特征考虑并建立合理权重、依据可信的评价体系和机制，才能彻底解决"五唯"甚至"N唯"的问题。

评价是教育的关键，也是教育出现诸多问题的起因。专业的多元评价，需要在思想观念、评价管理、运行机制等方面都走出单一评价的死胡同。缓解"唯"造成的各种不良后果，有效且正确的途径应当明确在教育评价上"一"与"多"的边界，充分利用多元评价的灵活性，打破长期以来造成的僵局，减轻单一评价造成的逐年累加的沉重负担。

真正引入专业评价，建立第一方、第二方、第三方同时发挥作用的多主体专业评价，多方相互印证和监督，满足学生多样性发展的需求，整体形成良性的评价生态，有针对性地解决数量与质量、简单重复与创新、短期与长期、基础与应用等多种关系的平衡问题。

"多"并不意味着"一"的消亡。建立多主体评价体系，并不意味着教育管理部门的缺位，教育督导部门统一负责的教育评估监测机制必不可少。此外，还应利用人工智能、大数据等现代信息技术创新评价工具。从整体来说，"一"与"多"之间的关系更加和谐，才能更加有利于教育高质量的发展，更加有利于人们通过教育实现幸福。

5.探索教育的目标公平，实现人人教育平等

教育公平问题是当今社会的一大热点问题，特别是高等教育公平问题，存在许多问题亟须解决。其中教育目标公平问题，已经成为教育不公平的重要起因。因此，确保教育目标公平，是实现教育公平的必要前

提，也是深化教育公平的重要途径。

（1）教育目标公平意义重大

教育目标公平是指在教育目标的确立、选定以及发挥作用的过程中，人人享有平等的权利和机会。对教育目标公平的重要性，我们万万不可小视。

首先，教育目标的不公平已经对教育对象造成了严重的隐性伤害，成为教育不公平的重要起因。长期以来，人们对教育目标存在模糊甚至错误的认识：过于强调其政治特性而忽视了其教育特性，过于笼统而忽视了个体间的差异，过于看重目标的规定性而忽视了学生的自主选择。这种认识直接导致教育目标单一、空洞、僵化、缺乏可操作性，难以契合学生自身的特点和机遇。在这样的目标导向下，越来越多的学生失去了创新能力，一步步滑到"失败者"的行列。因此，与教育权利和机会相比，教育目标是更深层、更隐性，也更关键的有关教育公平的问题。

其次，教育的独特性决定着教育目标在教育公平中具有十分独特的重要性。教育的内质是培养人，要培养人就离不开目标。在个体发展过程中，目标时刻发挥着导向作用。如果一个人的教育目标与其所处的社会地位及个性特征不相符，那么对他的教育就会因目标不恰当而导致不公平。教育机会、起点、资源分配的公平是实现教育公平的内在公平和外部条件，对教育公平有着更为巨大和深远影响的则是教育的内在公平，教育目标公平是其中的重要方面。

最后，教育目标公平是教育公平理论研究中不可回避的重大问题。教育目标是教育活动所要达到的预期效果，它作为统领整个教育活动的指导思想，对教育的方方面面发挥着关键性的作用，包括教育公平。教育公平包括教育目标确立的公平以及实现教育目标过程中的公平。在教育过程中，机会均等、权利平等、资源分配平等都不能替代教育目标的公平。

（2）教育目标公平是实现教育公平的关键

倡导教育目标公平必须回答三个问题：教育目标的内涵及意义是什

么？教育目标如何对教育公平发挥作用？如何确保教育目标公平？

教育目标的内涵及其意义。教育目标可分为理论目标与实践目标。教育理论目标是一种理想的、应然的、总体的、一般性的目标，是对教育行为的终极设定；实践目标是个体在自身特征和努力的基础上可以实现的具体的、独特的目标。两者的形成是完全不同的过程，前者主要由社会发展水平及特定政治经济基础决定，后者更多的是由个体决定。将两种目标混淆使用必然导致个体成长与发展的不公平。教育公平的实现是一个长期的、复杂的、不断变化的实践过程，需要有一个相对稳定的长期目标来引导。而无论各方面的情况如何变化，教育公平所追求的理论目标是相对稳定的，即：人人都获得适合其个性和代际转换机会的发展。换言之，真正的教育公平应该充分考虑个体生命过程的差异，使每个人尽可能获得适合其个性、与其生活的人文环境相协调的发展。这是教育公平追求的长远目标，也是教育目标公平的深层内涵。

教育目标对教育公平的作用。教育目标是教育活动的出发点和归宿。它主要通过导向、评价、程序安排三个方面对教育公平产生影响。

一是通过导向发挥作用。教育目标是导引教师教育教学和学生学习活动的指南，目标是否明确决定着学习者的学习态度和学习效果。只有将教育目标内化为个体的学习目标，使学生产生强烈的参与感，才能更好地筹划学习，发挥个体的积极性和主动性，提高学习效果。

二是通过评价发挥作用。评价是检验学习者在何种程度上达到教育目标，目标是评价的依据。当目标与个体的志向、潜能及文化环境相一致时，以它为依据的评价便能激励个体健全发展；反之，根据它所进行的评价本身就是不公平的，并且会对个体的成长与发展造成负面影响，成为新的不公平因子。

三是通过教育程序安排发挥作用，包括教学内容、教学策略、教学方法、教学组织等诸多方面。课程是实现教育目标的轨道，教学策略集中体现在实现教育目标的策略，教学方法和教学组织是教育目标的一种行为安排。目标的不公平必然通过这些方面体现出来。

确保教育目标公平。如何确保教育目标公平，也即如何产生公平的教育目标，是追求教育公平实践中的一个关键问题。首先，从目标确立者的角度看，要让个体充分参与到目标确立的过程中来。教育实践目标的确立必须以学生的个性为基础，教育目标不能只表达政府和教师对教育的假设与期望，还应该反映学生的志向。不考虑学生个性，没有学生参与而确立的教育目标是不科学的，也是不公平的。其次，从过程看，目标确立的过程是个体与社会相互选择和激励的过程。一方面，不同的个体接受不同的代际转换机遇，社会在一定程度上已决定了个体目标的选择；另一方面，个体要不断寻找社会可能提供给自己的机遇，并从多个机遇中进行选择，一旦这种选择获得一定的社会回报，它便构成对个体的正向或负向的激励。公平的教育目标的确立就是这种反复、连续不断的选择和激励的过程。最后，在目标表述上，一是要调整表述方式。已有的教育目标的表述多采用祈使式、被动式，没有考虑到个体差异所引起的教育目标的差异。公平的教育目标表述，多采用条件、商量、主动式，为不同个体确立不同的目标及作用方式。二是要改变表述语言，将官方语言变为个性化语言。

（3）积极探索实现教育目标公平的途径

实现教育内在公平相较于实现外在公平更为艰难，而实现教育目标公平尤其艰难，因为它对教育公平其他方面具有制约作用。为了在实践中积极探索并实现教育目标公平，我们需要从以下几个方面着手：

明确理论目标的功能。现实的教育实践不仅对理论目标与实践目标未加区分，而且赋予理论目标过多过大的功能。在工作中要对两种目标加以区分，明确理论目标的特性，厘定其功能，发挥其本应发挥且能真正发挥的功能。

确立多样化的教育实践目标。在已有的教育公平理论中，有一条差别对待原则，即依据受教育者个人的天赋、机会与机遇对每一个个体给予不同的教育待遇，其前提是使处于社会最不利地位的人获得最大的利益。要使这一原则得到充分的贯彻，就必须确立多样化的教育实践目标，使每个人的潜能都能获得充分自由的发展，每个人都能依据自己的自由想象和可实现原则确立自己的教育实践目标。

鼓励学生自主选择和确立教育实践目标。学生可根据自己的志向、兴趣、需求、个性潜能在丰富的实践目标中进行选择，通过与老师沟通和交流，最终确立个体的教育实践目标。随着个体在社会活动中不断成长与发展，自我认知水平不断提升，他对教育实践目标的选择也是不断变化的。对教育实践目标的选择与确立，实际上是个体自身发展及其与社会磨合的过程。

提供全纳的教育服务。全纳教育是国际教育发展的总趋势，强调教育的民主平等、群体合作，没有排斥、歧视和分类。在适合个体的教育目标确立后，可围绕这个目标形成个体的、班级的乃至整个学校的目标体系，在总目标与个体目标间建立起协调机制，并通过这一目标体系全面引导学校的教育教学工作。

随着社会对教育公平要求的日益提升，以及人们对教育公平追求的不断提高，中国改革开放以来特定的社会变化为教育公平的实践创造了独特的有利条件，进一步提高了对教育公平重要性的认识。通过深入研究教育公平问题，并积极探索实现教育目标公平的有效实践途径，必将有力促进新时期我国教育事业的健康与持续发展。

6.没有思想的学校就不可能成为品牌

办学思想是一所学校包括师生在内的所有人在关于如何办学上的思考以及思想活动的总和。仅仅将校长的思想划入办学思想或仅仅赋权校长有办学思想是狭隘的、不完整的，校长的思想是学校办学思想中关键的部分，但不是全部。

历史上曾出现过以"吾从众"出名的清华大学梅贻琦时代，清华大学的办学思想并不只是梅贻琦的办学思想，也并不是说梅贻琦没有思想，而是指他在担任校长期间对教授们的各种思想具有较大的包容性，他在教授们面前的思想并不是最丰富、最高深、最广博的，但是对叶企孙、陈寅恪、梁启超、吴宓等人的"教授治校"思想，他作为校长给予坚定的支持。这个例证表明办学思想不应是校长所专有的，校长对一所学校是否有办学思想负有不可推卸的第一责任。

（1）办学思想是什么

我自1983年开始做教育实地调查，认识了不少办学思想较明晰的校长。但总体上来讲，这样的校长凤毛麟角，在校长总人数中所占比例太低，加之不少校长的心胸不够宽广，思维呆板，难以接受或包容师生与办学有关的各种思想，使得大量的学校因为没有思想、不思想、不能思想而难以办好，办学思想成为制约学校品质提升的首要因素。

当下，很多校长对办学思想的概念还是比较模糊的，或将办学思想、办学理念、办学主张混为一谈。办学思想的内核是如何依据教育的内在规律更有效地培养人，是学校当事人关于教育的信念、价值、理性、境界与理想。具体而言，就是在特定条件下如何定位教育工作，如何认识天性独特的学生，如何遵从"天性为是"的原则将学生培养为最好的自己；如何充分运用好现有资源对学校进行管理、评价；如何安排教育教学和校内外的活动，把学校办成最适合人成长的机构，在所有这些方面形成的形而上的思想、原理性认知、原则统称为办学思想。

办学思想的核心是办学理念，它聚焦于人的发展，主要涉及对人成长规律的认识以及如何设计最有效的教育活动来促进人的成长。因此，办学思想主要解决的是关于人的教育问题。办学理念则聚焦于学校内的事该如何做，从逻辑上说它需要遵从如何更有效地培养人的要求，但办学理念更聚焦于如何将学校内的事办得更有效、更有序、更人性化，使学校运转的同时符合当时的政治、经济、社会环境，分清学校与非学校的边界，与各方面形成良性与相互激励的关系，使学校的效能得到更有效的发挥。

办学主张则主要是指就某一方面或某个事件所表达的观点与看法，不像办学思想那样具有系统性和完整性。办学主张可以积累为办学思想，但是单独的主张又不足以称为办学思想，一些人往往有点主张就号称是办学思想，显得言过其实。

（2）办学思想存在于涵养思想的土壤中

许多人错误地认为自己就能单方面决定自己是否具有办学思想。然而，历史的经验告诉我们，思想的产生与存在并非孤立或隔绝的，而是与实践紧密相关。同样，办学思想也并非想有就能有。它的形成与学校的管理制度是否与办学当事人的思想相吻合密切相关，同时也受到当时思想潮流的影响。如果缺乏这两个基本条件，那么声称自己有某种办学思想就需要格外谨慎。

比如1915年的新文化运动使各种新知识、新思想涌入中国，新文化、新教育运动相伴发展，形成思想市场，催生了一批教育思想者，孕育了一批有办学思想的人，中国教育一改因循守旧、故步自封模式，促使中国教育迅速走向丰富、多样和成熟，在制度、课程、教学方法上进步迅速，这就是思想的原动力所发挥的巨大效应。

在现今这个全球化、信息化的时代，仅仅模仿或移植他人的思想并不能真正形成自己的办学思想。一个有真正办学思想的教育工作者，首先必须具备强大的思想能力和开放的思想包容度。他们应拥有深刻认识的教育理念、信仰和价值观，以及丰富的教育感知和智慧。无论他们在学校中是什么身份：校长、教师还是学生，都应勇于表达自己在学校发展上的思考和设想，并通过实践来验证这些想法。在验证的过程中进行选择和优化，这是学校拥有自身办学思想的前提，也是保持和进一步发展思想的基本条件。

只有这样，才能使一所学校不是文件怎么说就怎么做，而是在实践中体现它自己对教育独特的体悟与实现理想的计策与谋略，它不能简单复制别人，也不可能被别人简单复制。

当一所学校处在思想沙漠的时候，就不可能有什么办学思想；当学校中的多数人还在奉行思不出其位的时候，就不会产生真正的办学思想；当大家还在犹豫到底是统一思想还是解放思想的时候，肯定不会存留真正的办学思想。当一所学校还在过度强化标准答案的训练，师生缺乏逻辑常识，不善于实证，就谈不上什么办学思想。当学校教育培养出的被动型人格越来越多时，那只能说明办学者根本没有思想可言。当一所学校的思想者受到惩罚，考核未能达标，或者在潜意识中存在"思想有罪"的观念时，这所学校就沦为了扼杀思想的刽子手，与真正的办学思想背道而驰，距离真正的教育理想遥不可及。

（3）校长要善于把握办学思想

不少校长自认为是办学思想的版权所有者，或搜罗一些内容做些包装当成自己的办学思想向其他办学者兜售，这是当下存在的没有思想的现象在一些思想饥渴的校长身上的体现。

校长要明白，自古以来，有权柄不一定有思想。校长需要谨慎，不要给不同思想贴上先进或落后、左或右、新或旧的标签，因为这样做只能限制、压制思想。校长应体验得到，在一群没有思想的师生中，不可能有一位有思想的校长。如果一所学校中，师生出现没思想、不思想、不敢思想、不会思想的现象，校长要负第一责任；如果这种现象在教育领域普遍存在，每个校长都要负比师生更大的责任。如果做不到这一点，不知道，没有意识到，不能勇敢担起自己的责任，还三天两头拿办学思想来装饰自己，他至少是一个叶公好龙的伪思想者。

当下，不少人将办学思想简单等同于校长的思想，这种误解必须消除，办学思想是包括师生在内的全体办学人的思想，是一个思想集合与思想循环系统，但一所学校有没有办学思想、办学思想丰不丰富，确实反映校长的思想境界、思想容量。梅贻琦的成就在于他们培养出了众多思想深刻的杰出人才，梅贻琦在办学思想中的站位值得当今校长认真学习。

显示或检验一个校长是否真的有办学思想，最终要看他学校里教师的思想深度、广度和能力，要看他的学校是否普遍培养出学生的思想能力，学生是否较好地掌握了思想方法，有多少人真正成为未来社会的思想者。校长的重要职责是让所有当事人更有思想，让学校的发展有更丰富的思想资源，将各种思想汇聚在一起发挥更高的效能。

辨别一所学校办学当事人是否有办学思想，一个简单的标准就是看他所办的学校与其他学校雷同的程度,雷同度越高就越没有办学思想;深入评价办学当事人是否有办学思想,需要全面系统地评估,关键要看当事人在多大程度上真正遵从个体的天性、了解社会发展的需求。有思想的教育者能够准确识别每个个体的优势潜能,准确预知社会发展的前沿,巧妙引导合适的人走上社会最需要的位置,不管是参天大树还是小草,都能充分发挥它的才能,对社会发展和文明进步产生独特的影响。

思想是巨大的力量源泉,能够激发人们追求卓越的行动。对于思想者而言,无论何时何地,面对多大的压力,他们都能保持信心满满、昂首向前、乐于奋斗。只要学校拥有丰富的办学思想,自然而然地就能形成品牌效应,无须刻意追求所谓的"品牌"标签。思想的匮乏才是阻碍学校成为品牌学校的关键障碍。当学校拥有思想的润滑,它就能够迅速克服发展过程中的各种挑战。在当今现代化的社会环境中,自由化、民主化、多元化、人本化、科技化、本土化、国际化以及未来化是其鲜明的特质。在这些方面,学校教育需要相应的思想作为引领和指导。

以人为本,学校的成就、质量、荣誉、效益都是全校师生共同努力的结果,每个人的行为都是在思想的引导下进行的,尊重、理解、信任,帮助每个人需要先尊重他的思想。校长的价值不在于自己做了什么事,而在于发现和培养了多少真正有思想的人。

7.国学教学在于培养有根的现代人

近代以来,中国人在某些时期对传统文化持过度的敌视与抛弃态度,如"打倒孔家店"和"破四旧"等运动,试图全盘否定传统文化。然而,这种极端的做法让我们付出了沉重的代价。如今,重新重视传统文化已成为共识,并在基础教育中加强了相关内容的教学,这对于中华文化的传承来说是非常必要的。

"国学"至今仍然是一个未被清楚界定的词,"国"既是一个政治概念、地理概念,也是一个历史概念,不是所有的国学都值得学习和传承,比"国学"更准确的说法是"中华优秀传统文化"。但应注意的是,学习传统文化的目的，不是让每个人都按古人的方式做人做事，而是要培养一个有"根"的现代人。

一个文明发展得越久，其根基也就越深，几千年的中华传统文化是每个现代中国公民应有的根。而对自由、民主、公正、权利等的追求，则是每个现代公民应具备的基本特性。民国时期的一大批先贤，如胡适等人，他们不仅具有现代精神，又有很深的传统文化根底，这是今日中国之教育应该努力的目标。

对《弟子规》等教材的争论由来已久，在历史上，《弟子规》也未被公认为合适的教材，仅在小范围内使用。过去就有人提出改造经典，写出《新十三经》《新弟子规》，但总体上都不成功，不被大众接受。"三（字经）、百（家姓）、千（字文）、千（家诗）"作为有数百年沉淀的传统蒙学教材，要对它们简单改造是不行的，我们所能做的是在教学过程中，教师对内容进行讲解分析，注重理解，将其作为行为参照，指出其是非利弊。

实际上，传统文化经典是相对定型的，从四书、五经，到七经、九经、十三经，经典在被不断筛选定型，总体来说，没有太多新内容。在这种情况下，没有必要像其他教学资料那样搞得特别繁杂，选用这些传统经典即可。国学不同于一般课程，它并非单纯的知识，而是包含许多价值取向、人生态度的思考，故而国学不能以教授知识为目的，不能搞简单的死记硬背，要让学校和学生有一定的自主空间，灵活教学，注重理解，目标是筑牢现代人的根基。

幼儿园阶段不应有教材，幼儿园的孩子不处于知识学习的阶段，他们应该以游戏为主，可以在游戏中融入传统文化元素。如果过早地对幼儿园孩子进行知识灌输，可能会导致他们的思维方式变得僵化，这不利于他们的长远发展，也违背了孩子的成长规律。然而，在中小学生阶段，对传统文化有一定量的诵读是必要的，即便当时不一定能理解其内涵，但到了一定的人生阶段或许就能理解了。最典型的例子是孔子所说的"吾十有五而志于学，三十而立，四十而不惑，五十而知天命……"这句话的深意只有在相应的人生阶段才能真正领悟。当孩子们到了那个年龄，回首往事，可能会感叹孔子的话语确实是经典之作，蕴含着人生的智慧和真谛。

8.从事教育研究和为教育决策服务的回顾与思考

坚持教育调查，不仅可以不断丰富教育研究资源，还能在广泛深入的调查、实践和实验的基础上，催生出新的研究方法。教育研究体系类似于一个内部高度复杂的椭球体，不能仅从单一的学科的视角去认识和研究其中的问题。在制定教育决策之前，我们必须深入认识和遵循教育体系中的个体特征及成长规律。实验和模拟实验是探索个体及微观教育领域奥秘的有效途径，可由此进行文理融合并研究教育现象和问题。决策研究需要寻找真正的问题，进行深入真实的研究，以更广阔的视野来改进教育体系，使更多的人通过教育获得真正的幸福。

与大多数人从某一个教育学科起步开展或进行教育研究不同，我是非教育学科起点的教育问题探究爱好者出身，因此，我在40余年的教育研究和为教育决策服务的过程中，没有可借鉴的路径，不得不自己摸索。

（1）牢记个人使命，利用专长为教育决策服务

基于对家乡安徽省岳西县教育发展的了解与关切，大约在1982年年底，我给时任岳西县县委书记的王道成写了一封信，建议如何改进该县的教育。2011年，高中毕业30年的同学聚会后，我又联系上了读高中时的政治老师冯小梅，她恰恰在我写信给王书记那段时间，在岳西县任分管教育的副县长。30年后她还能记得我当年给王书记写的信，并说王书记当年很重视这件事，做了批示，要求县政府和教育局思考和落实。原来县委书记的重视也只能起到这种不明显的效果，这件事使我意识到，将自己的研究和观点公开，获得更多人的认同，比仅给某个领导写信更有可能促使教育的改进。于是，我就不再采用私下给领导写信的方式参与决策了。

这样的态度在很长时间里没有产生外显的效果。直到2006年我在中

央电视台的《今日关注》栏目中解读新修订的《中华人民共和国义务教育法》后，就不断有广播、电视、报刊、网络媒体追着采访我，十余年来，我接受采访上万次。这些采访将我多年调查研究的积聚像纺线般一丝一缕地抽出。我一直坚持只依据事实和逻辑说真话，这或许是越来越多的人主动采访我的原因。很多人看到我经常在电视上出现，在广播或报纸上发声，却很少有人看到我去学校和社会上做调查，看到我遭遇的挫折和付出的代价。我尽可能做有效的事、说有效的话，远离无效的人和事。

《中共中央关于经济体制改革的决定》发布后，中央准备起草《关于教育体制改革的决定》，在各地开展调查和征求意见。1984年，我正好在组建徽州师范专科学校教育科学协会，便利用暑假到安徽的七个县进行了调查。其间，我几乎独自跑遍了太平县、石台和黟县的每个乡，并写出了调查报告。徽州师范专科学校教育学专业的黄安澜老师与时任安徽师范大学副校长的夏瑞庆老师是华东师大教育系的同学，夏老师委托黄老师对教育体制改革进行问卷调查，黄老师便将一些问卷发给教育科学协会，我们的会员依据自己下乡调查的结果，认真填写并交了上去。

1985年，我被分配至安徽省陶行知纪念馆工作，并有幸参与了时任安徽省徽州行署专员吴存心等人所申报的中央教育科学研究所"七五"课题——"陶行知教育思想与农村教育改革"。作为课题组成员和报告的实际撰写人，我深入研究了陶行知先生的教育思想，并结合农村教育改革的实际情况，提出了"农科教统筹"等观点。我当时没有想到，1988年国务院成立"农科教统筹办公室"，组织向全国推广这些观点，使得我的教育研究一开始便与政府的教育决策和教育政策密切相关，便于我将教育研究与教育改革紧密结合。这件事也让我意识到，行政力量可能会快速推进教育举措实行，也可能进入形式化循环；若能让对教育改革内容有一定认识的人依据其真实的教育认知自愿参与改革，可能不会快速产生效果，却可以在较长时间内持续推进举措的实行。

我一直致力于在自己热爱的领域追求卓越，通过不懈努力来实现自己职业生涯初期就立下的"人类优教"的人生使命。我坚信，只要有了明确的方向和目标，就不会过分在意付出的成本和遭遇的挫折，而是会持续不断地努力前行。我庆幸自己选择的不是一个短期内就能达成的目标，甚至是一个无论多么努力都可能终生难以完全实现的目标，因为它为我提供了持续的动力，使我能够不断前进，永不停歇。

自从我将教育作为职业，将研究作为使命，将"把教育办得更好"作为人生目标后，中央教育科学研究所（现中国教育科学研究院）便是我最向往的工作单位。1988年我来京后，与董纯才、张健、吴畏等几任老所长先后都有过直接接触。最终，2004年我圆了这个梦，成为中央教育科学研究所的一员，我把这里当成自己安身立命的地方。

每个人都有人生目标，也都有现实利益，而决策研究者能否明了并秉持"士志于道，明道济世"的原则，依据真理去解决社会问题、创造幸福生活则是个人的选择。一项教育决策可能实行几年乃至几十年以后才能判定对错，因此决策者常常轻视对错，只看重上级的意图能否实现。这样制定的教育决策通常经不起实践的检验。在民族复兴的关头，真正的教育研究是极为稀缺的资源。我常常深感自己在教育科研岗位上的工作并未能真正做到深入的研究，未能解决教育实践中迫切需要解决的问题，这让我感到非常懊悔。每位教育科研人员所领取的工资和科研经费，都是纳税人的辛勤劳动所得，这段长期深入社会底层的调查经历，使我更加深刻地意识到，我们必须将这些资金用在真正有价值的地方，才能对得起广大人民。现实中存在的众多教育问题，常常让我感到辜负了全国各地长期对我寄予厚望的民众，这也不断鞭策着我更加努力，不断寻求解决之道。

在进行决策研究时，存在两种截然不同的态度。一种是纯粹以完成任务的心态来对待，科员听从科长的指示，研究者则遵循行政长官的要求。尽管这样的研究可能会让上级满意，但往往不能经受住时间的考验。另一种态度则显得更为客观、执着和专业，研究者坚守学术的献身精神，关注社会底层和教育公平，用专业和真诚的研究来推动社会和教育的进步。虽然这样的研究可能初期不会让决策者完全满意，但从长远来看，在实践效果和时间的考验下，更能证明其价值。

中国当下的教育问题繁多，需要做真研究、研究教育真问题的人扎实工作。现实中，真诚的决策研究者常会遇到不被理解的情况。

我也曾有过涉足政界和商界的想法与机会，然而，在深思熟虑之后，我最终选择回归学术的道路。我坚定地决定，不追求权力、财富、头衔和荣誉，不依赖任何势力来发表观点和文章。我只会依据事实和逻辑来撰写文章、表达意见，努力在探索真理的道路上不断前进，尽我所能为解决问题做出贡献。

（2）持续开展教育调查研究，为教育决策厚植根基

我从1981年开始研究陶行知先生后，从其生平史料中发现，1921年跟随孟禄到全国各地调查是陶行知先生从大学教授走向知晓国情的教育家的关键。于是我克服困难，于1983年春，对屯溪区的20余家工厂展开了调查；在1984年暑期，对太平、黟县和石台的每个乡展开了调查。这段深入调研乡村教育的经历，让我感到村民和广大乡村教育工作者对我抱有深切的期望，希望我能帮助他们解决教育教学中的问题。尤其是每当我调研完毕，离开一个地方的时候，他们送别的目光都会成为促使我长期全身心地投入教育研究的强大动力。同时，这些教育田野调查也在视野、方法、技术、内容等方面，为我后来从事农村教育和陶行知先生教育思想研究奠定了牢固的基础。

走上工作岗位后，由于原来的调查发挥了重要作用，我就坚持利用一切可能的机会做调查。其中，做调查比较集中的时间是在1988年的1—2月，我利用寒假骑自行车从歙县途经绩溪县、旌德县、泾县、南陵县、芜湖县、芜湖市、当涂县、和县、含山县、肥东县、肥西县、六安市等地，最后到岳西老家过年，共对21个县、市进行了调查。此次行程811公里，主要工作内容：一是宣传陶行知先生为教育献身的精神和教育思想；二是调查农村的教育和经济情况；三是寻找农村教育改革的突破口。田野调查一直是我的重要工作内容，在1988年7月我离开安徽到北京参加《陶行知全集》（川教版）的编辑工作前，我就已经走访过安徽省40余个县（安徽省当时共有60余个县）。

经过深入基层调查，我更加坚定了内心的信念，那就是决策研究最终是为大众服务的。办好人民满意的教育责任重大，而做真研究和研究真问题是实现这一目标的关键，遵从专业研究的规律和规则是前提。为教育决策服务是教育行政部门下设的研究部门的重要职能，研究人员不能为了决策便利就忽视民众的真实需求。做研究，尤其是做政策研究，就是要在充满问题与陷阱的前进方向上，为社会发展铺一条简朴、平实、安全的路。不能敷衍了事，自己拿到了红利，却把更大的问题留给了社会和后人。这种决策研究实质上是把政府推向民众的对立面。

　　1990年，我与胡晓风先生一行一同查证陶行知先生的相关资料，我们的行程从成都延伸至重庆、武汉、徽州、萧山、上海和南京。当我们从武汉前往歙县的途中，晓风先生提到成庆生和汪达之都来自安庆，建议我们在此停留。然而，抵达安庆时正值阴雨连绵。我们在一家旅馆安顿下来后，便冒雨在街头漫步。回到宾馆，晓风先生显得格外沮丧，他感叹道："我无法想象，曾经与武汉、南京、上海齐名的历史文化名城安庆，竟然衰败至此。"这里，正是我出生的地方。这段经历使我深刻认识到调查研究的重要性，需要从纵向的角度进行深入探讨。也正是这次调查，激发了我决定攻读教育史方向博士的决心，希望能通过系统的学习，对教育形成全面而深入的整体认识。

　　1991年10月18日，《陶行知全集》在陶行知先生诞辰纪念会上宣布出版发行后，我遇到了一个无法回避的现实问题——接下来去哪儿。1991年下半年，我曾设计了一个在全国开展的更系统、大规模的调查方案，经陶晓光先生提交中国陶行知研究会与基金会（当时联合办公），但在会上讨论时被否决了。我便回到歙县，有些消沉。还好，在三年多的查找资料的过程中，我几乎跑遍了北京、上海、南京、武汉、重庆、成都等地的高校，也算是一种调查，后来竟成为我的博士论文选题的重要依据。

　　在陶行知先生确立的"止于人民幸福"的目标引导下，我一直在寻找新的机会。回歙县后，我将自己不多的家什和不少的书籍资料搬进自觉有些宽敞的房子，与前些年的四处奔波相比，有了一处相对安定的容身之处；但是朝着"人类优教"的方向拼搏了几年，反倒觉得离目标更远了，心仍未安定。

1994年春节后，我刚从岳西回到歙县，就接到通知，让我参加县里的"奔小康"动员大会。县里要求各机关与事业单位的几百人组成工作组下乡。县教育委员会由一位副主任带领20余人到坑口乡，我和一位同事加上乡里的两位干部，四人一组被分到坑口乡中塝村，一转身成了自己在家乡曾看到过的工作组成员。我当时就意识到，这是一次调查的好机会。

这次下乡的主题是"奔小康"，具体的工作任务是稳定新一轮的土地承包制，对每村每户的承包地进行确权登记，核定产量。我所到的中塝村是一个人口较少、经济较落后、民情不太复杂的村。下乡前，领导没有告诉大家工作什么时候结束，只说完成工作任务后才能回城。我们在村里待了五个月，住在村主任家，在各个村委成员家轮流吃饭。虽然我在农村长大，也到过很多乡村调查，但这次下乡与以往去乡村不同，给我带来了新的收获。一是身份变了，我这次不仅是调查者，而且是工作组成员，有工作任务，生活上还要长时间依赖当地村委会，弄不好就会引起村民的不满，甚至没有饭吃；二是时间较长，不是调查几天就走，有更长的时间对村里的人和事进行观察，并能对其发展过程加以分析；三是在异乡，不同于在自己的家乡，我以第三方的身份出现，没有亲戚朋友，自然也不存在人情面子。于是，这次下乡使我形成了对乡村更客观、更深刻的认识。

在这样的环境中生活是比较孤独的，有好几个和我一起下乡的人都说自己变得反应迟钝。和工作组一起下乡工作不能带很多书，我就在包里藏了一本《四书译注》，在一个人独处的时候翻阅。虽然大多数农民都很朴实，除了个别精明的人，不少人担心工作组对承包地的确权登记核产可能就是以后收税的依据。当时的税收确实是个难点，收农民的农业税更难，无论怎么开会说服，村民态度都比较消极。县里印发的材料对此没有明确表态，工作组的工作很难做。这些事例让我切身体会到陶行知先生所讲的：乡村建设要教会村民运用民权。

在异地乡村总能见识前所未闻的事。一天上午，我在村主任家门前坐着看书，陡然听到屋西头猪栏里有鸡的尖叫声，待我循声跑过去，只见整个鸡身已被栏里的猪吃完了。这一幕让我惊呆了，在我以前的印象里，猪与鸡是能和平相处的，没想到那头猪竟会如此迅速地将一只大公鸡吃掉。原来，当地山上有不少野猪，村民为了让自己养的猪肉更好吃，不介意自家母猪与野猪配种，这样生下的猪仔就带有野性，后来我观察到各户都用树木把猪栏扎得很牢，还做了顶，便不再奇怪了。通过长时间的调查，我明白了现实通常比想象还出人意料。

此后，我归结出做好研究的方法——"四长"，即"长脑、长嘴、长眼、长腿"。"长脑"就是要有思想，很多教育问题得不到解决，归根结底是因为缺乏思考；"长嘴"是要学会平等讨论，将自己的研究和思想表达出来，让它发挥社会效益；"长眼"就是要看到古今中外的变化，不要被一时的功利或其他因素阻碍了眼界，从而找到教育发展的内在规律；"长腿"就是要能及时到达出现教育问题的现场。因此，我一有机会就到基层调查。截至2021年，我已经到过全国所有省、自治区、直辖市，全国有2800多个县级行政区，我到过其中的一大半。田野调查成为我研究工作的基础和独特的信息来源，也让我逐渐形成了自己的研究方法。与别人不断申报课题不同，我研究的主要是基于调查并经过不断筛选的问题。

在大面积调查的基础上，我试图不断提炼，找到更抽象、更本质和更深刻的问题或内容，在此过程中，我的认知和习惯、心智模式和价值观常受到挑战，而我总是坦然应对，勇于改变自己，将热爱与乐趣当作自己不懈奋斗的基点。我的资质平平，只是天天做自己最爱做的事，通过不断寻找新的机会与方式，在别人认为枯燥的事上找到并增加乐趣，力求将它做得更有效。日子久了，就会比别人多一些成果和积累，于是就有更多的人来找我做这件事，而我又能在帮助别人的过程中产生乐趣。这种良性循环成就了我。

调查除了使我获得了对社会与教育的更加深刻、实际的认知，还在两个方面改变了我：一是前面说的不想从政；二是未能成为一名诗人。

在初中二年级前，我就阅读了大量的诗歌，其中包括毛泽东、郭小川、郭沫若等人的诗。迷上陶行知先生后，我读过陶行知先生所有的诗。我第一次看到自己写的稿子印成铅字，是1981年11月20期《徽州师专》校报发表的三首"十六字令"。之后我也写过不少诗，但是一开展社会底层的调查，我的心情就十分沉重，诗兴就无影无踪了。

（3）沉下身子做教育实验研究，为教育决策夯实基础

歙县陶行知教育思想研究会的一项工作就是与当地的学校建立联系，宣传陶行知先生的教育思想。1992年，我回歙县后开始开动脑筋，思考怎么让学校践行陶行知先生的教育思想，于是徽州师范学校、行知中学、行知小学、黄谭源行知小学、富竭小学等16所中小学成为歙县陶行知教育思想研究会的实验学校，我们负责给他们的实验活动、论文写作提供指导。但是各校条件和学生情况的差别较大，我对此是不满意的，决定下一番功夫，做个比较系统、深刻、有效的实验。于是，我在安徽省行知中学开展了"立志、修身、求知、创业"的系列实验。

1992年回到歙县后，我就常到自己曾经任物理教师和教改实验员的安徽省行知中学去，与时任教务主任的洪世恩等人讨论怎样在该校深化陶行知先生的研究与实践。该校1984年由普通中学改为职业中学，进校的学生学业成绩属于中等水平。在对学生进行比较全面认真分析的基础上，结合对陶行知先生教育思想的理解，我认为应主要帮助这些学生解决三个问题：一是立志，让他们建立信心，在成长的关键期确立自己的志向；二是求知，在高中阶段完成一定的知识积累，具有较强的求知能力；三是创业，由于他们中大多数人未必能在当时考上大学，中学毕业后就要进入社会，所以在他们临近毕业前进行创业教育十分必要。

我将这个方案写在备课纸上交给洪世恩，经过一两周的考虑，他向我询问："能不能再加上'修身'这一环节？"我当时认为，大多数学生修身的问题并没有前面三个问题突出，但想到陶行知先生强调"道德是做人的根本"，并且在他的"每日四问"中也提及了"我的道德有没有进步"，就当即同意了这一修改，于是，该校就有了"立志、修身、求知、

创业"系列专题活动方案的实验。

当时学校考虑到人力不足的问题，仅在1993年进校的两个条件比较好的班级开展这一系列教育实验活动。此后，在各年级逐渐增加参与实验的班数，直至所有班级都参与，并在实验的过程中不断补充和完善方案。1998年，由于我要前往南京师范大学学习，后任的德育主任张平接手这一实验并从事多年研究。该实验的效果获得各级管理部门和全校师生的认可，得到了校领导的高度重视。

该实验具体方案如下：根据学生入学后不同时期的实际思想进行有针对性的教育，帮助学生逐步树立"立大志、修正身、求真知、创伟业"的人生目标。将学生在校的两年或三年时间分成四个阶段，把专题活动内容分解到每个学期逐步实施，每个阶段的时长根据该班年限与班主任商定，主要活动包括开列含陶行知先生文章在内的古今中外的文章篇目，将学生阅读后所作的摘录、论文在学校的"学陶园地"橱窗发表。教师编写辅导讲义、作辅导报告，指导学生开展主题班会、辩论和学习心得交流等各种"学陶"活动。第一段集中开展立志教育；第二段启动修身教育（后来这一部分转化为具体的行为准则教育，时限延长至整个在校期间）；第三阶段帮助学生打好求知基础，学好各门课程，拓宽知识视野，提高学习能力；第四阶段一般在学生毕业前的最后一个学期开展，聚焦创业，发放创业指导材料供学生自学。

我本人除了做整体设计和依据实施情况对方案进行完善调整外，还多次到学校给学生就不同专题作辅导报告，参加有关活动，甚至撰文向外推荐该方案。行知中学成立了陶行知研究会，设有陶行知研究教育改革办公室，负责组织与指导校内的相关研究工作；各班成立陶行知研究小组，发展研究会员，组织学习陶行知著作，做到"四有"——有计划、有总结、有制度、有活动；设立年会制度，坚持每年召开一次年会，交流学习陶行知思想的心得体会和关于陶行知的研究成果。健全的教育网络使该专题教育活动能一以贯之，深入持久地稳步开展下去。

该专题教育活动以育人为核心，以提高学生的创业素质为目标，贯穿学生在校学习的全过程，并以班级为依托，与班级工作相结合。职业学校的学生因此找回了自信,鼓起了学习的勇气,增强了对生活的信心。对刚入学的新生进行"立志"专题教育十分必要也十分有效。针对许多职业学校学生在过去生活中形成的一些不良习惯和不健康意识,学校进行了"修身"专题教育活动,使学生懂得了道德的重要性,决心修炼好"公德"和"私德",像陶行知先生教导的那样"千教万教教人求真,千学万学学做真人"。针对职业学校学生学习兴趣不浓,学习方法不当,学习成绩不佳的现象,学校进行了"求知"专题教育,使学生懂得了"做一个现代人必须取得现代知识,学会现代的技能",要与时俱进,明白了"智育注重自学"的道理。针对职业学校学生临近毕业时缺乏必要的就业心理准备的问题,学校开展了"创业"专题教育,旨在转变学生传统的"等、靠、要"依赖思想,鼓励他们树立自主创业的雄心壮志。通过这一教育活动,学校为学生进入社会并实现自己的创业理想提供了坚实的思想和技能基础。当时的具体实施方案如下(见表1-1):

表1-1 "立志、修身、求知、创业"实施方案

阶段	活动形式	活动内容	活动目标
立志	学生参观陶行知纪念馆、自学、小组讨论,教师辅导学生报告1次	各班建立陶行知研究小组;思考为什么要立志、立什么志、怎样立志	配合入学教育,使学生以良好的心理状态进入高中阶段的学习
修身	学生自学、小组讨论1次、教师辅导报告1次	思考修身的目的、修身与个体成长的关系,以及怎样修身	使学生学会正确处理与环境中的人、事、物的关系,形成健康的人格
求知	学生自学、小组讨论1次;教师辅导报告1次,开展知识竞赛2次	思考求知的重要性,如何求知,以及如何构建最有效的知识体系	使学生形成各自独特的求知方法、目标、知识体系

(续表)

阶段	活动形式	活动内容	活动目标
创业	学生自学、小组讨论1次；教师辅导报告1次，开展演讲比赛1次	结合社会调查，了解创业情况，思考创业实际问题，学习分析成功创业者的经验教训	配合毕业教育，使学生形成创业的志向，自觉探索创业的方式和方法

随着一系列专题教育活动的开展，行知中学举办了"立志成才"演讲比赛、黑板报比赛、"行知杯"作文比赛，组织了校际陶行知研究论文交流会与演讲比赛等。有些学生就某一问题确立了明确的学习与研究目标，通过自学、讨论、辅导、撰写论文，形成并提升了对某一问题的探究能力，学习得深刻，研究得透彻。学生经常为了弄清某一问题查资料、作分析，进行深入的讨论，能借助大量的资料，精辟地论述、阐释陶行知思想的重要性。

在关于创业的主题教育中，学校组织专人收集、整理、编写了优秀毕业生的创业事迹作品集《在希望的田野上》（每年连续编写），以实例引导在校生学习如何创业。为使创业教育指导贯穿学生在校学习的全过程，学校在新生入学的立志教育专题活动中，侧重引导学生做好创业的思想准备、道德准备、知识能力准备、心理准备，开展创业的初步实践活动，并对学生进行抗挫能力教育，编写挫折教育的校本教材，为毕业生顺利创业打下了坚实的基础。活动浓缩了创业人才教育的各个步骤，激活了学生的内在动力，丰富了校园文化，发挥了很好的育人作用。

这个实验的成功让我清醒地认识到，只要找到陶行知教育思想与解决当下教育实际问题的结合点，就能激发学生学习陶行知思想的积极性，使学校更有活力，实现陶行知研究与职业教育人的有机结合；充分运用陶行知的思想资源，就能把职业教育办得更好，建设更好的社会，增强学生的幸福感。

当然，实验确实需要条件，不是所有研究都需要做实验。我摸索出可以用类似沙盘推演的模拟实验方式开展研究，依据陶行知注重践行的精神做实事，在力所能及的范围内实现文理融合。这也大大增强了我对教育研究的信心和决心。

我细述这件在当下对办好职业教育仍有参考价值的小事，旨在说明决策不能建立在空泛的口号上，而要遵从客观规律，既朝着有实践根基并能达成共识的目标去努力，又要看到真实的创新历来是个性化的探索，需要以专业的方式去进行，在尊重所有人的人格、自主性和创造性的前提下踏实地干，如要建立国家教育智库，关键在于建立客观、专业、公平、公正、公开的准则和规则。

决策研究绝不能效仿所谓的"大炼钢铁"式追求标志性成果的行为。基于我的研究经验，那些过分注重外在表现而忽略内在实质的研究，就如同制作绣花枕头，它们违背了专业工作的内在规律，并可能对研究者的长期专业研究造成严重的干扰。2007年，我在采访曾任中央教育科学研究所（现已更名为中国教育科学研究院）所长张健时，问他在担任所长期间有什么遗憾的事，他说："最大的遗憾就是未能平等对待所内有不同专长的研究人员，没有给他们创设平等的研究工作条件，使得原本一些可以做得很好的研究因缺少条件而没做好。"这样的教训值得我们深思和铭记。

（4）坚持学理探索，为教育决策服务探明逻辑

1992年春天，《陶行知全集》的编辑工作暂告一个段落，我从借调单位中国陶行知研究会办公地中央教育科学研究所离开。2004年，获得北京师范大学的教育学博士学位后，我又回到中央教育科学研究所工作，决心要在新的起点实现"人类优教"的愿望。这些年发生了很多事情，在此只能选几个例子来叙述。

1）为中国大学立心

为达到拓展学识的目标，我分析了自己的知识结构缺陷，在继续调查实验的基础上，受陶行知先生当年开"十字教育"课的影响，想努力朝着教育理论和教育史的研究方向拓展。在参加2001年北京师范大学的

博士研究生面试时，王炳照老师给我提出的问题是："你以前做的主要是教育实验与调查，怎么现在报考教育史专业的博士？"我的回答是："历史是一门广博的学问，当年不少人说胡适是这个家、那个家，但他自己只认可了历史学家。我过去做的调查实验在历史长河中只是一个截面，我想通过研究历史把它们纵向贯通，形成对教育的立体认知，所以来学教育史。"不料我这样回答后就通过了面试。

在为博士论文选题时，我之前所做的大量田野调查发挥了作用。通过对各个大学进行调查，我得出了以下结论：中国大学的主要和关键问题在于"丢心失魂——丧失了大学精神"和"杂乱无章——未能建立现代大学制度"两个方面。但是大学精神选题的开题却遇到了麻烦，在开题会上，除了我的导师郭齐家先生笑而不语，其他几位老师都认为我无法就这个选题写出一篇合格的博士论文。经过修改后，我还是坚定地以《中国大学精神的历史研究》作为自己的博士论文题目。幸运的是，由于自己深感中国的大学处于发展的迷途之中，为中国的大学"立心"心切，我运用实证研究的方法将历史梳理清晰，把这一高难度的论题写出了新意，几乎没有老师质疑，反而得到黄枏（楠）生、蒙培元、杨东平、丁刚等多位权威专家的一致赞许。很快，这篇论文入选中国当代教育学术文库，由山西教育出版社于2006年出版，并于2010年再版，获第四届全国教育科研成果二等奖。

为了落实"立心"，我先后到多所大学以讲座、学生座谈的方式和师生交流，又启动了中国近代大学精神史研究，揭示了中国大学精神的历史轨迹、发展走向、核心内容、基本规律和有效方式，写出了《中国近代大学精神史》，被人民教育出版社选入《中国近代教育专题史论丛》，于2013年正式出版。作为第一部专门研究中国近代大学精神发展史的学术著作，该书荣获第五届全国教育科学研究优秀成果三等奖，入选2019年全国哲学社会科学规划中华学术外译项目。在此基础上，形成了进一步深化研究《大学精神论》的写作框架，目前我尚在继续努力。

2）在教育科研和教育行政单位跨部门轮岗

2004年，在北京师范大学教育史专业取得博士学位后，我本打算到与自己专业对口的中央教育科学研究所教育理论研究中心工作。但是由于当时中央教育科学研究所科研处缺人手，我便被要求于5月提前到科研处上班，主要工作是编辑报送教育部相关部门的内部简报《科研与决策》。这使我更全面地了解到与全国教育科研相关的各个领域以及教育决策层的关注点。

在科研处工作大半年后。人事处处长华国栋找到我，他告诉我，《中国特殊教育》期刊作为特殊教育领域的重要专业发表平台，由于连续10期未能及时出刊，正面临被新闻出版总署停刊的危险。华处长在档案中发现我以前做过编辑，因此希望我能够前往救急。于是，我又到了中央教育科学研究所心理与特殊教育研究中心，与当时的主任陈云英一起讨论怎么救急。我们分成三个工作组，每组负责编辑三期期刊，加班加点，同时工作，总算在三个月内解决了该刊的拖期问题，我也因此更加深入和全面地了解了中外特殊教育的领域知识和发展动态。

我本以为期刊的工作正常了可以休息一段时间，不料2005年5月，华国栋找到我，说教育部人事司有个紧急的任务，需要我去帮忙。原来是民办教师的遗留问题较多，需要尽快调查，找到解决问题的办法。于是，我做过的大面积调查和专门写过民办教师的研究文章再次发挥了作用。到教育部后，我通过相应的渠道对全国各地的情况作了全面系统的调查，了解到当时全国各地尚有50万老民办教师在岗。另外，自1986年《中华人民共和国义务教育法》颁布后，各地对民办教师实行"关、转、招、辞、退"政策，但全国仍有约500万人未能解决待遇问题。我就此问题写了一份研究报告，过了一段时间就离开教育部人事司回到了中央教育科学研究所。此后，教育部积极主动与财政部、人力资源和社会保障部协调，共同发文妥善解决了这一问题。但由于需要各地提供配套经费，所以各地对此问题的解决的程度差别很大。当时重庆和广东对此问题解决得比较彻底，但在全国层面，这一问题并未彻底解决，各地不断有教师到政府相关部门反映问题，成为媒体关注的焦点。因此，不断有媒体就此问题采访我，我依据事实、逻辑、相关政策做出公正回应，受到不少老民办教师的欢迎。2010年，我因此事被《时代周报》评选为

"2010年影响中国时代进程100人"中的"十大教育工作者"。

我从教育部人事司回到中央教育科学研究所教育理论研究中心不久，2007年教育部办公厅直接通过所长找到我，说有重要任务，需要熟悉全国教育情况、写作能力强的人来完成。到教育部开了几次会议，教育部领导和几个主要司局领导都参加了，中央教育科学研究所则由朱小蔓所长和我参加，我们这才得知是要对1990年后的教育政策及工作效果进行分析评估，系统总结这一时期中国教育改革与发展的基本经验、教训和启示。翟博和我负责这个项目的日常工作，定期写简报。我们的工作流程是讨论提纲、写稿、讨论稿子、修改、讨论、再修改……循环了数十次，在整个过程中，教育部要求我们保密，不得透露正在进行的工作内容，甚至连我们自己也不清楚所写内容的具体用途。随着工作的深入，我们将时间范围从原先设定的年限扩展到了1978年至2008年。最终，在2008年，我们完成了《教育大国的崛起（1978—2008）》的书稿，并由教育科学出版社出版。该书在人民大会堂举行了首发座谈会。

在教育部人事司和办公厅从事调查与专题研究工作的经历，为我提供了独特的机会，使我能够通过实地田野调查，从不同的角度和站位全面观察和分析中国整体教育的状况。

3）担任《国家中长期教育改革和发展规划纲要（2010—2020年）》专题组成员

2005年，教育部开始讨论起草《教育发展规划纲要》，我参加过两次讨论会：一次讨论教师问题；另一次讨论民办教育和民办学校问题。

2008年，《国家中长期教育改革与发展规划纲要（2010—2020年）》（以下简称《规划纲要》）的制订工作正式启动，由国务院直接领导，国家科技教育领导小组直接负责的《规划纲要》工作小组办公室成立。我刚从《教育大国崛起（1978—2008）》的写作修改中抽身，就被要求参加《规划纲要》的制订工作，成为专题组成员。当时确定将整个工作分10个重大战略专题、36个子课题进行深入调研，我所在的中央教育科学研究所教育理论研究中心承担了第一专题"教育发展总体战略研究"，因此，我在这个专题上花的时间最多。同时，我还参加了第八个专题"教育改革与制度创新研究"和第三专题"基础教育发展战略研究"中的第11个子课题"学前教育发展研究"的研究工作。后来第七专题"教育公平与协调发展研究"的专题组看到我以前发表过教育公平的文章，便要求我参与该专题的研究，但我考虑到时间无法安排，只能谢绝了中央教育科学研究所领导的要求。2009年，征求意见稿出来以后，我又全程参与意见收集工作。

尽管在《规划纲要》的起草过程中，我们满怀期望，严谨认真地对待每一个细节，但在十年后参与《规划纲要》实施评估工作时，我仍然深感其中存在诸多遗憾。例如，我根据实际需求测算得出，每年需要培养20万名幼儿教师才能满足全国的需求，然而这一数据因遭到反对而未被采纳。有意思的是，2010年后，全国每年实际新增幼儿教师数量就在20万名左右，但由于缺乏职前培养，大多数入职者是没有相应的专业资质的低期望人群，这对未来至少20年幼儿教师的质量与稳定性造成了极大影响。直到2018年《中共中央、国务院关于学前教育深化改革规范发展的若干意见》颁布，才明确提出每年培养20万名幼儿教师。然而，由于贻误了8年的宝贵时间和数次机遇，所以积累了太多短期难以解决的问题。更大的遗憾是，我当时经过扎实研究提出的"招考分离"的高考招生制度改革未能实施，衍生了当下的减负难题，不得不以"双减"应对。

4）担任新中国成立60周年教育成就展文字组组长

2009年年初，《规划纲要》的事尚未完全结束，教育部发展规划司提出要成立专门的工作班子，以完成"中华人民共和国成立60周年教育成就展"（以下简称"成就展"）的工作，我担任了"成就展"教育专题文字组组长。

"成就展"由中华人民共和国国家发展和改革委员会牵头，各部委成立工作班子，中华人民共和国人力资源和社会保障部、中华人民共和国教育部、中华人民共和国科学技术部为一组，在确定总体方案后分头工作。这个展览的关键在于既要拟出中国教育60年发展成就的提纲，又要找到可展示的实例。我们一边依据自己对中国60年教育发展历史与成就的了解写提纲，一边向教育部各司局发函，征求各领域教育发展的成就清单。但每个部门都想展示自己的成就，于是出现了提纲与成就清单不完全一致的情况。怎么用客观的标准筛选？当时我心中比较明确的是：60年来中国教育最大的成就是普及九年义务教育，其次是高等教育实现大众化；能够体现教育成就的两个典型人物是王选和袁隆平。但是在具体细节上，各司局依然争论不休，最后只得在各司局领导同时到会的情况下，由袁贵仁部长主持选定工作。即便这样，在展板已经上墙，即将公开展出的前三天，依然有些部门通过上报获得上级批示的方式要求修改展板。

由于在接到参加成就展工作之前，就有一家出版社约我写关于中国教育60年的书稿，后来这两项工作交叠在一起了，成就展的工作经历在一定程度上使得我的书更加严谨、丰满、扎实。2009年7月，尽管身心疲惫，我还是如约将100万字的书稿交给了出版社。然而，两个月后，出版社却告诉我，基于审稿的结果，他们不敢出版这份书稿。最终，他们按照协议对我进行了相应的赔偿。直到2013年，山西教育出版社到北京找我要稿子，我将该书稿交给了他们，经国家新闻出版广播电影电视总局审核，删去一部分内容后于当年出版，书名为《中国教育六十年纪事与启思：1949—2009》。这是一套国内少有的具有思考属性的教育史著作，以如何将中国教育办得更好为出发点，依据对教育发展影响的重要程度，以60年间中国教育发展的历程为线索，从教育发展历程、教育规模与数量、教育质量与公平、教育价值、教育体制、教育管理、教育决策、教师成长与发展等8个方面进行分析和论述，每个主题都基于史实，展现其发展轮廓，分析其产生的背景以及对实践的影响。该书试图达到以历史资料展望教育发展的未来，通过分析讨论探明教育未来发展道路的目的，于2017年出乎意料地荣获第一届山西出版奖优秀图书奖。

实际工作需要我的研究涉及教育管理、教育经济、教育政策与法律、教育心理、教育技术和教育史、高考招生制度、大学精神与现代大学制度、中国教育改革与发展、心灵教育等领域，但我感到不能被这些研究领域束缚，要以问题为导向，将研究的核心放在"人"这个大的视野中。于是我明确提出"集成人学"教育观。以这样的视野分析教育问题，就是将古今中外所有研究"人"的学问的内容与方法集成到一起，以此研究"人"的成长与发展。

决策研究要建立尊重专业、敬畏专业的包容文化。研究者要做实证的研究、中立的研究、客观的研究，遵守学术规范，构建科学的评价体系。这样研究者才能和睦相处，形成理性、纯真、正直、专业的研究氛围。决策研究的质量要靠研究人员通过增强个人专业素养共同提升，要靠所有的人共同担负起自己能够担负也应该担负的责任。决策研究者要逐渐提高自己的底线，做到心中有目标，脚下有力量；要建立研究的基本准则——只问是非，不问利害，敢说真话，敢驳假话。如果心中没有底线和规则，做任何事的基础都不会牢固，尤其不可能做好决策研究。

优质的教育并非一蹴而就，需要时间的积累和不断的努力。在未来的日子里，我将继续坚守自己40年前的初心，致力于成为一名真正的学者，并努力保持一颗更加纯真的心。我期望通过学术研究为社会做出更大的贡献，帮助更多的人通过教育实现自己的幸福追求。

9. 增强平等和自主才能有效推进城乡教育协调发展

陕西一位身兼教师和母亲双重身份的女士在微信上表示：在"双减"政策实施之前，我孩子每天五点就能到家。那时候，我忙着做饭，他则专心地写作业。饭做好后，作业也刚好完成。晚餐过后，他要么出去找小朋友玩耍，要么在家里看自己喜欢的书，班主任还因此授予他"小百科"的称号。然而，现在情况却完全不同了。孩子每天回家都要六点半左右，当我忙着做饭的时候，他根本不想写作业。这让我感到非常焦虑，有时甚至想让他看一些课外书来放松一下，但遗憾的是，很多时间都被一些无意义的手抄报所占据了。

这则信息揭示了一个教育不协调的个案，每当我在各地进行调研时，总会遇到许多人向我表达期望，然而很多时候我却无法立即解决他们的问题。

通过近40年的广泛调查，我深切地认识到，一个县域内城乡教育能否实现协调、高质量发展的关键决定因素在于两个方面：平等性和自主性。

（1）平等是协调的根基

造成城乡教育无法协调发展的首要原因是重城轻乡的观念，这种观念不仅存在于城市居民中，也深深植根于农村居民心中。尤其是当这种观念在负责教育决策的决策者心中扎根时，它会直接影响一个地区的教育政策、经费分配、学校布局以及师资配备。这种不平等是城乡教育难以协调的起点，它导致城乡之间在教育上形成了等级差异。在管理体系上，这种等级差异表现为单一的主体结构，进一步加剧了城乡间居民子女受教育权利的不平等，这与教育法的要求背道而驰。因此，一部分家长为了让孩子接受更好的教育，不得不从乡村转向县城，从县城转向中等城市或省会城市，甚至转向一线城市或选择出国留学。

这样一种梯级教育资源布局必然导致师资生源"双流失"，生源和优秀师资不断逐级向县城、市或更大城市逆向流动，乡村出现漂亮的薄弱学校、县中变得越来越弱、公办基础教育难以激活，这些都是基础不平等在不同时段必然产生的后果。一旦城乡学校之间出现明显差距，反过来使得在世界其他国家很正常的教师轮岗、校长交流变得更难以实施了。

作为纯粹的公民教育，义务教育必须人人平等是世界各国都坚守的底线。然而在现实中，一些地方长期未能依照《中华人民共和国义务教育法》第四条明确要求确保所有人"依法享有平等接受义务教育的权利"，实现教育的机会平等。在政策执行过程中，各地并未严格落实相关规定，导致相关行政人员也未能依法被追责。这种有法不依的情况严重阻碍了依法推动教育公平目标的实现。同时，一些人受到特权思想的影响，继续设立重点或示范学校，维持学校之间的等级差异，加剧了教育不公平的现象。

因此，从宏观和长远的角度来看，城乡教育协同发展的基石在于确保城乡居民及其子女享有平等的受教育权利。目前，一个突出问题在于政府部门未能充分保障农村孩子与城市孩子平等的受教育权利。为了解决这一问题，我们需要从根本上着手，按照义务教育学校建设标准，全面提升农村和薄弱学校的办学条件，从而实现城乡教育的协调发展。

在实践中，许多地方在强调重视城乡教育均衡时，往往只关注具体的、微观的甚至是孤立的项目，而忽视了从根本上建设良好的教育生态，这无疑削弱了城乡教育持续协调发展的基础。

既然不平等是造成城乡教育难以均衡和协同发展的根本原因，那么在实现城乡教育均衡和协同发展的过程中，我们不能仅仅采取一些表面上的帮扶措施。相反，各级政府在教育政策制定和实施的各个环节中，都必须坚持教育权利平等的理念，并以权利平等为基准来开展各项工作。只有这样，我们才能有效实现高质量教育的均衡，建立起区域良性教育生态，切实遏制生源、师资、教育教学资源的逆向流动。

（2）自主是协调机能健全的保障

协调并不意味着统一行动、听从指挥。真正的协调只能建立在各主体的责任与权利得到明确界定的基础之上，同时要求各主体都能积极主动地遵守规范、有序参与。如果只有一个单一主体存在，那么也就无须进行协调了。

正常的教育不能没有自主，因为同一教育内容对于不同的教育当事人的价值是不等的；不同教育内容在特定的教育当事人面前只能进行价值高低的排序，无法以量化的方式度量或加总。教育主管部门、学校永远不能打通众多教育当事人不可度量的内心世界，也永远不能对教育资源进行真正切合每个人需要的合理配置，只能由每位教育当事人在政府提供多种必备教育资源的基础上自主选择。

从微观上看，每个教育当事人的自主性不能确保，就如同开篇的那位老师所倾诉的那样，就根本上不可能发生协调；同理，一旦教师失去教学自主权，只能刻板地服从指令，也就没有协调的空间与可能性。协调的基本前提是学生能成为学习的主人，教师能确保教学自主权，如果缺少这样的基础，更高层级的协调就只能是虚妄的构想，无从落地。

从中观而言，一个班级、一所学校，或者城乡间不同的学校，只有在责权明晰的基础上才能有真实的协调。政府部门单方面实施或拉郎配，或设置了层级高低、存在中心与边缘的集团化都不可能是真正可持续的协调。在自主的基础上，学校根据自身发展的实际需要与社会建立健全的多边交往关系，自然需要并能形成协调关系。如果学校被行政管理部门或社会、家长已经分了高低彼此，并对其自主性做了多重限制，协调出现的概率就会大大降低。

不少一线教育人慨叹：孩子得听教师和家长的，家长得听老师的，老师得听校领导的，校领导得听行政领导的……高强度却没有兴趣和自主性的学习必将摧毁孩子，更因没有协调技能而不可能实现协调。

简言之，没有更低一级个体与组织的自主，更上一层的协调就不可能发生，想在教育上实现城乡教育的协调发展，就必须对城乡在政策和资源一碗水端平的基础上，给城乡不同的学校更大的自主空间，因为它们面对的学生不同，所具备的条件不同，所处的环境不同，所面对的问题不同，每所学校都需要根据自己的资源、条件生成符合自己的目标。当每所学校都具有健全的内生动力，能够向着更优的自己努力的时候，才能更好地与其他学校协调。在一个区域内，只有当所有学校是自主而有活力的时候，城乡教育协调也才能进入佳境。

（3）协调发展必须是当事人自组织行为

以国家战略实现城乡教育协同发展、县中提升，不能改变乡村教育主体或当事人的属性与责权关系。就如同《家庭教育促进法》在起草过程中经过多次争议，最终确定父母及相关监护人为家庭教育的责任主体那样，国家战略的最终有效落实不能由行政部门直接当"运动员"，必然是乡村教育当事人的自组织行为，必然需要通过师生个体和学校组织的自主设计、实施、评估才能达到目标。

有人以为政府统筹的空间越大就越能协调，大量历史例证表明，当一个系统的内部的每个人或每个基本单元越能责权明晰、自主活动、交互合作、互惠互利，达成资源的优化配置与高效利用，就越能优质高产。教育也是如此，如果每个人都需要经过上一级乃至最高一级的同意才能决定学什么、怎么学，那么师生将无法拥有真正的学习权利，也无法充分发挥自主能动性进行自主教学。在这种情况下，行政命令将层层下达，而这种模式的效果必然是低效且僵化的。

学校功能正常才能有效发挥教育作用。学校作为专门的教育机构产生后，它的功能或职能不断完善。只有在学校自身各种功能都能较好发挥的前提下，才具备更好的条件与外界协调。不能把学校变成行政部门的听差，在学校已经失去自行履职能力的状态下还要求它如何协调。而现实的情况是，当下不少乡村学校在过多行政指令甚至"一刀切"要求的不断作用下，越来越失去了自组织功能与能力，越来越多的县失去了自身对区域内经济、社会、教育的自我协调功能，因而没有能力参与协调。

县域整体自组织能力降低也会导致教育的城乡协调能力下降。正常的城乡教育协调不是只有一个中心的一元状态，而是多方基于法律和责任自主参与的共建共治共享。只有多方自主地协调才是真实的可持续协调，才能确保一个区域的教育高质高效运行。

统筹推进城乡教育协调发展的主体是所有相关的教育当事人，永远不要忽视教育最基本单元和底层的自主与活力，削弱或失去它们，一切作为都会变得低效或无效。

10.转变教育价值观，重塑县域教育生态

党的十八大以来，党和国家高度重视县域教育发展问题，振兴县中政策初见成效——地方部门对县中发展重视程度提高，组织保障、人力保障、经费保障得到强化，县中生源流失现象开始得到遏制，县中教师队伍建设不强的现状得到改善。

说到底，县中振兴是一个教育文化的问题，需要教育价值观的引领——改变过去重城轻乡的教育观念，激活在县域生活的人民群众的内生动力，让县域教育、县域经济、基层治理同频共振。

（1）为县域教育生态重构提供充足的时间和空间

促进县域教育发展，切忌带有短期、功利思维，期望马上大见成效，而要为县中振兴提供一个较为宽松的环境，为县域教育变革和教育生态重构提供充足的时间和空间。

过去，由于重城轻乡观念，一些地方的教育政策、经费配置、学校布局、师资配备等，往往呈现出城乡梯级分布。分布不均必然导致县域师资生源"双流失"，优秀师资和生源不断向城市学校集聚。

从宏观和长远的角度来看，保障城乡居民及其子女的受教育权利平等是城乡教育协同发展的根本基石。为此，我们应着力改善农村和薄弱学校的办学条件，按照义务教育学校建设标准，全面优化各项要素，这将是协调推进城乡教育发展的根本且长远的策略。

实践中，一些地方促进城乡教育均衡发展，往往把目光放在具体的、微观的，甚至孤立的项目上，而非从根本上建设良好的教育生态。城乡教育实现优质均衡发展，不能仅在枝节上采取措施，不能只着眼于具体的帮扶举措，而是需要各级主管部门在教育政策制定和实施环节都秉持教育权利平等理念，并以此为基准开展各项工作。以建立区域良性教育生态为目标，从源头遏制生源、师资、教育教学资源向城市流动。

（2）激活县域教育应尊重教育主体的自主选择

激活县域教育内生动力，实现城乡教育协同发展，需要在责任与权利明确界定的基础上，各个教育主体都积极主动遵守规范，有序参与教育实践。客观而言，教育主管部门确实无法深入了解众多教育当事人复杂而不可度量的内心世界，同时也不能对教育资源进行完全契合每个人个性化需要的合理配置。最科学的方式，是每位教育当事人都在教育主管部门提供多种必备教育资源的基础上，进行自主选择。

不少一线教育人慨叹：现在孩子听家长的，家长听老师的，老师听校长的，校长听主管部门的……基层教育主管部门过度指令下达式的教育实践，是重构县域教育生态的现实阻碍。如果教师失去教学自主权，学生不再是学习的主人，师生只能刻板地服从教育主管部门的指令，振兴县域教育的顶层设计就无从落地。城乡间不同学校在责权明晰的基础上，根据自身发展实际与社会建立健全的多边互动关系，是城乡教育协同发展的应有之义。

简言之，城乡教育协同发展，必须在政策和资源"一碗水端平"的基础上，给城乡不同的学校更大的自主空间。

（3）激发乡村教育自组织行为

实现县中提升乃至城乡教育协同发展，不能改变乡村教育主体或当事人的属性与责权关系，教育主管部门要避免当"运动员"。乡村教育当事人的自组织行为，最终需要通过师生和学校的自主设计、实施、评估才能达成。

经验表明，一个系统内部每个人越能责权明晰、自主活动、交互合作、互惠互利，越能达成资源的优化配置与高效利用。教育也是如此，如果城乡教育协同发展的计划，需要行政命令一层接一层下达来完成，其结果未必高效。

发挥县域学校正常功能，是重构县域教育生态的前提。作为专门的教育机构，学校自产生以来，其功能不断完善。县域教育管理部门，要避免片面地把学校当成行政部门的听差。城乡教育协同发展，不应是只有一个中心的一元状态，而是多方自主参与的共建共治共享。统筹推进城乡教育协同发展，乡村教育当事人的自组织行为不能缺席。县域教育主管部门应将自身的角色定位于"服务者"，这也是科学推进乡村教育振兴的现实诉求。

第二章

学校改进之基

1. 以人为本的教育才能科学发展

《规划纲要》明确提出"推动教育事业在新的历史起点上科学发展",科学发展的前提就是《规划纲要》中强调的以人为本,育人为本。

关于以人为本,宏观上需要摆正三个位置:

必须明确大方向,即坚持教育为社会主义现代化建设服务,为人民服务,办人民满意的教育。

必须摆正教育与其他各方面发展的位次,宁可在其他方面慢一点、缓一点,也要将教育放在优先发展的位置上。温饱问题已经基本解决了,教育就成为与人的生活质量最为直接相关的因素,优先发展教育越来越成为最广大人民群众的迫切要求。因此各级政府要把优先发展教育作为贯彻科学发展观的基本要求,切实保证在经济社会发展规划中优先安排教育发展,财政资金优先保障教育投入,公共资源优先满足教育和人力资源开发需要。

必须摆正人与人之间的关系,以人为本中的"人"不是少数人,而是大众。教育要为大众服务,而不能仅仅为少数被选择出来的人服务,或仅仅为有钱、有权者服务。大众有平等的受教育权,不能厚此薄彼。要促进全体人民学有所教、学有所成、学有所用。

政府和社会提供了以人为本的条件,还需要依靠教育工作者将以人为本贯彻到教育理念、管理、教学和评价之中。

在理念上要解放思想,首先必须做到尊重人,尊重每个具体的人在教育上的自主选择,尊重他们的独立人格。教师要尊重学生,教育管理者要尊重教师,要把教学的自主权还给教师和学生。要维护教育当事人的自主权,最重要的是学生应该有学习自主权。

在管理上,当前最为紧要的工作是把促进公平落实到不同地区、不同学校、不同人群，落实到每一个具体的人身上。尽可能地使每个人感受到公平教育的阳光照到了自己的身上，每个公民依法享有的受教育权利得到了有效保障。要实现这个目标，关键是给予所有人公平的机会，重点是促进义务教育均衡发展，保护弱势人群依法享有受教育的权利，根本措施是公平配置教育资源，尤其应向农村地区、边远贫困地区和民族地区倾斜，加快缩小教育差距。

在教育教学工作中，要把育人为本作为教育工作的根本要求。一方面，学校必须以教学为中心工作，以学生为主体，以教师为主导，其他各方面工作都必须树立为教学和育人服务的意识，要把学校从行政科层中解放出来，真正实现去行政化。另一方面，要充分发挥学生的主动性，把了解学生成长发展的需求作为一切工作的基础，把促进学生成长成才作为学校一切工作的出发点和落脚点。

坚持以人为本的教育理念，既要充满爱心地关怀每一个学生，又要根据他们的个性特点因材施教。这需要我们始终遵循"天性为是"的原则，即尊重学生的自然天性和个体差异。在日常教育工作中，我们应紧密围绕学生的成长发展需求，全方位地开展工作，确保每个学生都能得到充分的关注和照顾，从而促进他们积极主动、生动活泼地发展。同时，我们也要深入了解不同学生之间的差异，不忽视任何一个需要关心的孩子，特别是那些较为沉默或不易表达的学生。我们应尊重教育规律和学生身心发展的自然法则，确保为每个学生提供适合他们自身特点和发展需求的教育，帮助他们实现全面而个性化的发展。

在评价上，要坚持尊重学生个性，促进学生全面发展。坚持文化知识学习和思想品德修养的统一、理论学习与社会实践的统一、全面发展与个性发展的统一、体魄强健与心理健康以及身心和谐的统一。坚持强化能力培养，优化知识结构，丰富社会实践，着力提高学生的学习能力、实践能力、创新能力，教育学生学会知识技能，学会动手动脑，学会生存生活，学会做事做人，促进学生主动适应社会，开创美好未来。

以人为本的高质量教育所关注的不应只是学生的考试分数，还要把促进人的全面发展、适应社会需要作为衡量教育质量的根本标准，要更加注重涵养个性，培养独立精神，增强合作意识，启发自觉性；要培养学生团结互助、诚实守信、遵纪守法、艰苦奋斗的良好品质；要加强公民意识教育，树立社会主义民主法治、自由平等、公平正义理念，培养社会主义合格公民。

以人为本的高质量教育所关注的不应只是学校的升学率，还要注重教育的内涵发展，鼓励学校办出特色，办出水平，育出英才。

提高教育质量形式上属于科学发展，实质上体现的是以人为本，因为教育的高质量是为人的更好发展服务的。所以在教育改革发展中，提高质量是核心任务。

2. 重振农村小规模学校需走简政之道

全国人民代表大会和中国人民政治协商会议期间，有代表委员在提案中呼吁改善农村小规模学校管理。朱永新委员认为，目前各地普遍实行的"县教育局—乡镇中心校—农村小规模学校"的垂直式分包分管教育模式，对小规模学校的发展造成诸多困扰，也暴露了一些问题。

从教育生态角度看，农村小规模学校是整个教育体系的"源头活水"。因此，解决农村小规模学校的问题不仅是这些学校本身的发展问题，而且涉及一个地区乃至整个国家的良性教育生态能否维持。若想从整体上维护这一生态，又必须回到现有教育行政管理体系的结构。目前形成的"县教育局—乡镇中心校—农村小规模学校"的垂直式分包分管模式，虽然方便了行政管理，但诚如朱永新委员所言，也给基层学校和教师带来了较多问题。这些问题体现在以下几个方面：一些中心校截留农村小规模学校的生均公用经费，甚至借调村小和教学点教师等，比如为了保障小规模学校的正常运转，教育部明确规定对不足100人的学校按100人核定公用经费补助资金。然而，由于教育公用经费被下拨到中心校账户，中心校采取"集中记账，分校核算"的方式，有些中心校并不按规定标准足额拨付给农村小规模学校，截留村小、教学点的经费用于自我发展，导致一些农村小规模学校难以充分享受到全国性政策。

此外，现在的中心校实际上就是原来的乡镇教委（办）在撤销后留下的摊子，形式上撤了，但约束力还在。由于县教育行政部门通过中心校对乡镇教育进行间接管理，导致中心校在这一过程中既担任了裁判员的角色，又承担了运动员的职责，从而产生了角色错位的问题。这种错位使得中心校难以在管理和办学评价之间做到有效分离。

怎样才能解决这些问题呢？实际上政府工作报告中已经给出了大方向，就是要建立法治政府、服务型政府，切实做到简政放权。依据这一精神，改变的关键在于依据以人为本的逻辑设置县域内教育管理结构，这个结构的核心是学生，结构的形式从纵向的"树结构"转变为立体的"果结构"，教师、学校管理者和县级教育行政管理部门都要围绕学生学习的需要设置，并把这一设置放到政府工作报告中提出的标准化学校建设中去。把学校管理功能重心下放到学校内部，包括小规模学校内部，让他们自主办学，自主管理，自主评价，成为一个职能相对完善的教学、管理、评价体系。这样一来，县教育行政部门与学校之间的专业管理事务就会大大减少，完全可以利用网络信息技术承载信息传播功能。

基于享受义务教育机会人人平等的原则，所有学校之间不论大小都是平等的，用一所学校管理另一所学校本身就很难做到机会和权利平等，这种基于行政中心的逻辑建立起来的管理模式必须改变。

从整体分析，减少学校间的行政层级不只是降低了教育的行政成本，也是对师生的有效放权，让学校有更大的自主空间，让小规模学校建立自信。这在一定程度上有利于解决基层学校动力不足的问题，从而激活中国教育整体生态的"源头活水"。

3. "人人有良师"需要政府担起责任

人人都希望获得优质教育，优质教育的前提是有优良的教师。有了优良的教师，其他方面的条件相对弱一点，对于教育品质来说并无太大的影响，没有良师，其他条件再花哨都等于零。一个典型的例子是，曾经有一所小学，只是在一棵树上挂了一块黑板进行教学，但由于该校的老师非常优秀，成功培养出了数十名优秀的学生。然而，如今许多设施完备的农村校舍却因教师力量不足而面临招生困难的问题。

在相当长的时期里，各地都没有对教师队伍建设给予足够的重视，以致当前中国教师的状况可简单概括为：城镇学校教师超编，乡村学校缺少教师，普通学校缺少良师。每个学生遇到良师的机会不均等，绝大多数学生难以遇到良师。

从全国情况看，教师整体素质问题还十分严重。就义务教育阶段而言，全国绝大多数学校的教师配备不齐，或存在某些学科的跛腿现象；教学生"学会"的教师多一些，教学生"会学"的教师相对来说太少了；不少教师分析知识尚能到位，研究学生却远远不够，难以依据学生发展的实际需求进行教学；大量教师不能依据自己的教学经历进行反思，不会自主成长。

教师业务提升面临的最大障碍是对教师的评价标准过于单一、僵化，唯学生的考分是瞻。现在分数不仅成为学生的命根，也成了老师的命根。这不仅摧毁了学生，也摧毁了教师，在这种评价机制下，几乎不可能出现真正优秀的教师。

令人担忧的是，依据麦可思的就业调查，近几年普通师范院校的学生就业率不高，就业难度较大，这点与实地调查相一致，大量师范院校的毕业生因不能进入教师编制而改找其他工作，或成为新的代课教师。同时，在招生上不少高校遭遇"零投档"或"低投档"，其中就有办学实力不强的师范类学校，这预示着未来教师问题将更加严峻。

为最基层、一般学校培养教师的地方——师范院校，目前正面临着发展机会的强力挤压。一方面，毕业生找不到工作；另一方面，招生也遭到冷遇。很少有学生愿意报考师范院校，很少有家长愿意让孩子上师范院校，但大家都希望自己的孩子能有好的老师教。那么，怎样才能解开这个结呢？

关键的因素有两个：一个是切实提高教师的待遇和地位；另一个是对教师实行符合教育工作特性的管理。这两个问题解决后，优秀的人才就会因学校是一个可以安身立命的地方而到学校工作。留住了优秀人才，教育的其他各种问题就会迎刃而解。

要最终解决教师问题，政府必须承担起主要责任。首先，需要确保教师职业成为令人向往和羡慕的选择。为此，必须消除教师待遇不均和不合理现象，避免城市学校教师薪酬高于农村学校。同时，对于那些在艰苦地区工作、付出更多的教师，应给予更高的回报，以体现公平和激励。其次，必须尊重教师的道德自主性和专业成长发展的自主性。教师不应被当作被他人操控的道德木偶，也不应仅满足于外部政府机构统一的强烈要求。应保障教师在道德选择和业务进修方面的自主选择权，鼓励他们发挥主动性和创新精神。再次，应在学校实施民主管理。这是吸引优秀人才加入教师队伍的关键，也是提升教师素质的必要条件。现行的教师管理方式往往让教师产生为校长打工的心态，过度关注工资、福利和职称等外在因素，而忽视了个人品德的提升。因此，必须改革管理方式，让教师感受到自己是学校的主人，从而更加积极地投入工作。最后，要彻底摒弃仅以学生考分来评价教师的做法。这种单一的评价方式不仅不公正，也无法全面反映教师的真实能力和贡献。应逐渐建立起教师内部认同的行业评价机制，注重对教师综合素质和专业能力的全面考核，以激发教师的积极性和创造力。

解决当前尤为突出的农村教师问题，更需要政府担起责任。从表面看，农村学校面临的仅仅只是没人愿意去工作的问题，但实际上，可以拆分为三个问题：一是相关部门没有真正重视，过于强调编制，造成城里超编，乡村缺编，乡村需要新教师，而新教师却被编制卡住不能上岗。对此，政府需要变通措施，定岗招人，并提高乡村在岗教师的待遇。二是由于师范院校毕业的学生长期不能入编当教师，影响了这些学校毕业生的就业，导致越来越多原本培养乡村教师的师范院校改变培养方向，乡村教师的来源更加无法得到保障。即便还有一些师范院校设有师范专业，却大都在实习环节不过关，难以培养出真正可以胜任农村教师的毕业生。对此，各级政府不能唱高调，要面对现实，切实解决好地方师范院校面临的困难。三是乡村学校自身越来越封闭，少数有志于乡村工作的毕业生工作一段时间后也打起了退堂鼓。农村不仅存在管理问题，还存在工作后缺少专业提升机会的问题、交友问题，等等。对此，地方政府、师范院校、乡村学校三个方面需要形成合作机制，建立"师范院校负责培养，地方政府给通道，乡村学校建平台"的乡村师资保障机制，以有效解决这一问题。

现行教师评价和管理体制，客观上造成城乡之间教师待遇和社会地位存在较大差距，农村教师补充不足，专业成长机会与条件缺失，难以获得成就感，农村学校难以成为教师真正安身立命之地。现行农村学校管理模式成为阻碍教师进入、留下、发挥作用、成长发展的制度障碍。必须建立并完善乡村教师津贴制度，同时继续办好农村师范学校，特别是要正视中西部五年制专科师范学校办学现实，对这些学校予以认可并给予支持，扩大免费师范生的实施范围，以吸引和培养优秀人才立志从事乡村教育。同时在现有教师聘任制度基础上建立短期教师聘用制度，并出台相关政策，定岗招聘。

建立能够集聚优秀人才，而非疏离优秀人才的教师评价与管理体制刻不容缓。

4.财政如何保障教育经费

"十四五"时期，国家确定了公共服务发展方向：健全完善公共服务体系，持续推进基本公共服务均等化，着力扩大普惠性非基本公共服务供给，丰富多层次多样化生活服务。其中，"幼有所育，学有所教"是教育类公共服务的主要内容，高质量教育体系建设为主要目标。完成上述任务，如期实现愿景，财政经费保障是前提。值得注意的是，2021年12月8日至10日举行的中央经济工作会议指出，在充分肯定成绩的同时，必须看到我国经济发展面临需求收缩、供给冲击、预期转弱三重压力。在这种情况下，未来五年教育公共服务财政经费保障会不会出现一些令人担忧的迹象呢？对各方面因素应加以分析，预防风险、积极应对显然十分必要。

(1) 未来5年维持教育经费的增长任务艰巨

在过去10年,财政教育投入增长是各级政府不断努力的成效。2011年,在经济快速增长的大背景下,国务院印发《关于进一步加大财政教育投入的意见》,要求各地政府公共财政支出预算保证财政性教育支出的法定增长,预算执行超收部分优先用于教育,各地开展教育投入保障机制改革的新探索。此举使得国家财政性教育经费在2012年首次实现占国内生产总值比例达到4%,成为中国迈向教育强国的里程碑事件。

在财政经费增长的同时,政策鼓励大力吸纳社会资金,也加快了教育的发展。2012年6月,教育部印发《关于鼓励和引导民间资金进入教育领域促进民办教育健康发展的实施意见》,民间投资办教育的热情高涨,促进了若干年内各级各类教育快速发展,尤其在学前教育中承担了在校生中过半人数的教育责任。从2009年至2018年,民办学校的举办者投入显著增长,从最初的74.98亿元大幅攀升至240.62亿元。同时,各级各类民办学校的数量也呈现出强劲的增长势头,从2009年的10.65万所迅速增加到2019年的19.15万所,占总体学校数的比例达到36.13%。然而,到了2020年,民办学校的总数开始出现缩减趋势。

教育经费保障是教育发展的基本前提,从2012年起连续9年,教育投入占GDP比例在4%以上,其间,2015年后,财政性教育经费占GDP比例的增长势头出现乏力现象,难以随GDP同步增长,逐年下滑,甚至在2018年下滑为占比4.02%。2015年,国务院发出《关于进一步完善城乡义务教育经费保障机制的通知》,要求建立城乡统一、重在农村的义务教育经费保障机制;2018年,国务院办公厅印发《关于进一步调整优化结构提高教育经费使用效益的意见》。这些举措发挥了积极维持作用,到2020年,国家财政性教育经费占GDP比重上升为4.22%。

2021年公布的2020年全国教育经费总投入为53 033.87亿元,比2019年的50 178.12亿元增长5.69%,但较2019年同一指标8.74%下跌3.05个百分点。其中,国家财政性教育经费为42 908.15亿元,比上年增长7.15%,但较2019年同一指标8.25%下跌1.10个百分点,2019年国家财政性教育经费为40 046.55亿元。数据显示，这两年财政教育经费增长高于同期非财政性教育经费，民间教育投入减少，客观上增加了财政教育经费的使用和需求压力。

2021年，疫情及国际形势对各地各级财政收支影响继续加剧，更多地方政府出现财政收支难以平衡的状况。在此情况下，2021年的《政府工作报告》提出"确保基本民生支出只增不减"的原则，各级政府采取多项措施筹措教育经费，总体统计数据尚未公布，局部地区情况显示教育经费较前一年有所压减。

上述情况显示，未来5年维持教育经费的增长任务艰巨。

（2）"十四五"时期相关政策实施与新增财政经费需求

"十四五"时期，教育领域将会出现供求关系新变化，尤其是一些新政策的实施将会提出新的教育财政经费投入需求。

1）财政经费：强化教育供给以弥补区域结构性总量减少与质量下降之需

近一两年相关政策引发的教育供求关系变化，对财政性教育经费产生了更多的需求。

2021年5月14日，新修订的《中华人民共和国民办教育促进法实施条例》发布，自9月1日起施行，其中明确规定，实施义务教育的公办学校不得举办或参与举办民办学校，也不得转为民办学校；其他公办学校不得举办或者参与举办营利性民办学校。7月8日，教育部等八部门发布《关于规范公办学校举办或者参与举办民办义务教育学校的通知》，全面规范义务教育阶段"公参民"办学，要求两年内"公参民"的民办学校全部退出。各地发布的相关政策，要求民办义务教育学校在校生占义务教育学校的人数比重降至5%以下。

2021年8月发布的2020年全国教育事业发展统计公报显示，在全国学校总数和就读学生总数微量增长的情况下，出现区域内结构性供给总量减少、质量有所下降的现象。

产生上述现象的直接影响因素有以下几点：

一是民办教育的供给资源呈现缩减趋势，导致公办学位的供给需求在短期内难以匹配。受到《民办教育促进法实施条例》中相关条款的影响，该条例涉及民办学校主办方的利益调整，加之对民办教育未来发展的期望值降低，部分投资方选择撤资退出。因此，自2020年起，全国各级各类民办学校的数量开始显著减少，从2019年的19.15万所降至18.67万所，减少了4820所，降幅约为2.5%。同时，民办学校的招生和在校生规模也出现了下降，招生人数减少了43.87万人，下降了2.47%；在校生人数减少了52.16万人，下降了0.93%。这是近30年来民办学校数量首次出现大规模减少的现象。据我们目前所了解到的局部地区统计数据显示，2021年民办学校的减少数量总体上高于2020年，显示出民办教育供给减少的趋势仍在持续。

部分地区幼儿园因关停导致3~6岁儿童陷入了在居住地附近无园可上的困境；部分原有幼儿园因收费额度受限，活动减少、质量下滑，引发家长不满；同时，幼儿园学位紧张，出现40人以上的大班额现象，加剧了教育资源的供需矛盾。

原来在民办中小学校就读的学生主要是乡村留守儿童，民办中小学停办后这部分学生只能回到所在乡村公办学校就读，父母明显感到学校质量令人不满意；于是，部分家长无奈之下选择在广州、深圳等地购房解决孩子就读问题，以致广州各区连发学位预警，部分片区公办小学学位只能满足所在范围内2／3的需求，与相关政策要求的民办学校招生不超过5%差距较大。

相应地，由于民办幼儿园和中小学学位的减少，当地财政经费需要加以补足以满足入学需求。

二是对培训机构的治理使得这部分教育供给80%以上不再存在，其中包含的优质教育补充资源客观上需要当地政府增加财政经费投入和优质师资供给。

三是地方政府财政经费的增长需要弥补因当地民办学校退出而留下的缺口，以满足对优质教育资源的需求。仅北京市某区在2021年下半年就出现了2000余名教师缺编和巨大的经费缺口。值得注意的是，许多地区的民办学校曾是政府作为优质教育资源引进的，但转为公办学校后，由于日常经费投入水平降低，难以保障原有的教育教学质量，导致当地总体教育教学质量出现下滑。受此影响尤为显著的是大约10%的当地农村留守儿童，他们不得不从县城以上的民办学校转回乡村的薄弱学校。此外，在政策调整过程中，还出现了原有教育资产无法有效发挥作用的闲置情况。

2）新政策新增的财政经费需求

已经发布和即将实施的多项政策都需要新增财政经费保障，除了前文已经涉及的依据相关政策民办幼儿园和义务教育学校退出需要财政经费补足学位，从而增加了整体教育对财政性教育经费的需求，"双减"、《家庭教育促进法》实施和优质均衡建设、幼儿教育普惠等新政策，也对财政教育经费产生了新需求。

2021年7月24日，中办、国办印发中央全面深化改革委员会第十九次会议审议通过的《关于进一步减轻义务教育阶段学生作业负担和校外培训负担的意见》。其中涉及经费的内容有："各地要根据学生规模和中小学教职工编制标准，统筹核定编制，配足配齐教师。省级政府要制定学校课后服务经费保障办法，明确相关标准，采取财政补贴、服务性收费或代收费等方式，确保经费筹措到位。"实际上，"双减"新增经费还涉及新机构设置与运行。这里不考虑津贴等其他开支，仅就教师编制计算，根据课后服务时长、教师工作量核定，考虑到中小学教师女性多以及相关新的生育与产假政策，中小学教师需要在现有编制标准基础上增加40%才能满足需求，也就是全国需要新增400万义务教育阶段的教师，按年工资福利额10万元（实际各地有较大差异）计算，仅此一项就需增加4000亿元开支，再加上培训等其他开支，看起来似乎不多，分摊到具体收支难以平衡的县级财政，依然存在困难。

《中华人民共和国家庭教育促进法》的顺利实施，必须依赖于财政经费对家庭教育提供指导、支持和服务的支持，尤其是对于那些能力与资源不足的未成年人父母或其他监护人，更需要通过财政经费的赋能来强化其家庭教育能力。在国家支持和社会协同方面，尤其是家校社协同育人的过程中，适量的、必要的财政经费是不可或缺的。否则，该法很可能仅停留在纸面之上，无法真正为乡村、偏远地区的留守儿童等各类未成年人提供切实的家庭教育帮助，导致政策意图难以落地实施。

优质均衡是未来的政策方向，教育经费总量不足和分配不当是制约均衡的关键。2021年11月，教育部办公厅发布《关于开展县域义务教育优质均衡创建工作的通知》，提出在各省（市、区）创建一批率先实现义务教育优质均衡发展的县（市、区），经过3年到5年的努力，探索义务教育优质均衡发展的实现路径和有效举措。截至2020年年底，全国96.8%的县通过了县域义务教育基本均衡发展国家督导评估验收。2021年，国务院教育督导委员会对剩余的94个县进行了实地督导检查。调查结果显示，一些县在验收当年对薄弱学校进行了大量投入，但验收过后又恢复原状，各项均衡发展活动或项目出现了不同程度的停滞。更为严重的是，由于部分县财政紧张，甚至出现教育经费无法及时拨付的情况。在已经通过验收的县中，还普遍存在着大班额现象，乡村学校薄弱，城镇学校则拥挤不堪。单纯从经费角度考量，要实现县域内真正的教育均衡，可能需要在原有经费的基础上增长3倍，才有望在5年内达到优质均衡的效果。

自2018年开始实施的完善普惠性学前教育经费保障机制，包括出台国家层面学前教育生均公用经费标准，推动地方提高并落实公办园生均财政拨款标准或生均公用经费标准、普惠性民办园生均补助标准，提高幼儿园教师工资收入水平等。由于不少地方此前财政经费投入主要惠及的是能上公办园的孩子及其家庭，财政经费增长难以惠及占入园儿童半数以上的民办幼儿园及入园儿童，普惠补助不到位或标准过低。根据对地区个案及全国面上调查分析，全国需要在现有学前教育经费总额基础上再增加80%的经费投入，才能基本实现已定的普惠政策目标。

此外，还有加快构建现代职业教育体系、AI建设等各种新政策对财政性教育经费的新需求，就不在此一一列举了。可见，逐项政策需要新增财政性教育经费数额极为巨大，与整体财政性教育经费支出状况之间存在较大差距。

(3) 教育财政经费保障需要新的举措

1905年，中国"废科举，兴学堂"后，公共教育事业发展引发财政性教育经费需求的迅速增长，政府如何保障教育经费的问题就凸显出来。鉴于教育经费保障问题多发，1913年11月3日，当时的教育部通告各省，转饬所属各县，教育经费不得别用。这是有文献记载的中国政府第一次就教育经费问题向全国发文。

从1916年到1949年，以教育独立作为解决官方挪用教育经费的办法，先后引发多轮形式各异的教育经费独立运动。1923年6月，中国共产党第三次全国代表大会通过的《中国共产党党纲草案》提出："全国教育经费应严重保证。"1939年7月，国民政府在相关《规程》中规定："教育经费之最低限度，在中央为其预算总额百分之十五，在省区及县市为其预算总额百分之三十，其依法律独立之教育基金并予以保障。贫瘠省区之教育经费，由国库补助之。"这是有文献记载的第一次官方文件中规定教育经费的占比。

1949年前，中国教育经费总额不足，又因战争等各种原因被挪用而加重短缺。在教育经费捉襟见肘的情况下，自下而上的教育经费独立运动促进了教育经费与普通行政经费分设。提出建立独立教育经费的诉求，为形成自上而下的教育经费保障制度奠定了基础。以国家法律法规规范教育经费，提高了保障效能。

1949年以来，中国在教育经费筹措与管理的体制与机制方面采取了一系列举措，逐渐建立起多渠道筹措教育经费的筹资体制、非义务教育成本分担机制、义务教育经费保障机制，以及教育经费监测评估体系，并在高等教育经费拨款模式、财务预算管理体制、财务风险防范机制和银校合作融资机制等方面进行了探索，取得了显著成效。实现政府教育投入的绝对规模不断增加。1952—1978年，中国公共教育经费占当年国家财政收入和财政支出的比重分别从6.68%、6.75%微增至6.73%、6.79%。

改革开放以来，中国经历了初期多元化、分级包干筹集教育经费的探索，建立公共教育财政制度，随着各级各类教育全面恢复和教育事业的发展，教育支出绝对规模扩大。1978年后，在"划分收支，分级包干"的新财政体制背景下，中国积极推动教育经费管理体制改革。1985年，《中共中央关于教育体制改革的决定》明确了基础教育"由地方负责、分级管理"的人权、事权原则，并提出"中央和地方政府教育拨款的增长要高于财政经常性收入的增长，并使按在校学生人数平均的教育费用逐步增长"。

由于经济社会发展阶段不同，保障教育经费及时足额到位需要借鉴历史经验，也要探索新的举措。

2022年1月召开的全国教育工作会议明确提出"五个深刻认识和把握"，其中首要一点便是要深刻认识并把握教育在中华民族伟大复兴历史进程中的先导地位，抢抓机遇，优先发展教育。会议在部署七项重点工作时，特别强调要健全"财政性教育经费占GDP比例不低于4%"的落实机制。同时，教育部在2022年的工作要点中明确指出，要落实教育优先发展的战略地位，坚持确保国家财政性教育经费占国内生产总值（GDP）的比例不低于4%，并加大财政教育支出的力度，加快资金拨付进度，确保"两个只增不减"的目标得以实现。

回溯历年中央《政府工作报告》，自2014年后均以"公平"和"质量"或"优质"为主题词，2021年再次提出"优先发展"，显示财政教育经费保障问题再次成为突出问题，各级政府需要采取比前几年更有力的措施，保障教育经费及时足额到位。在民间教育投入受相关政策影响将会继续缩减的情况下，能不能确保教育经费总投入不出现下滑、确保不出现教师欠薪、确保实施教育均衡对薄弱学校的投入足额支付，成为未来5年社会关注的焦点。当下，中国财政性教育经费占GDP比例以及实际生均公共财政投入水平与OECD国家均值还有明显差距，在改进治理的前提下存在经费提升的空间。

决定教育经费的根本因素主要有两个方面：一是社会经济、文化等的发展对教育发展的需要程度；二是社会经济对教育发展所需经费的提供能力，这两方面都会通过政府决策者对教育的重视程度，通过政策、法规体现出来。

为保障教育经费的有效筹集、及时足额兑现和有效使用，建议如下：

一是对所有财政性教育经费实施全口径预决算，厘清政府部门间教育事权与教育支出责任划分，健全教育投入机制，尽量减少直至取消政府部门掌控的项目经费。

二是根据省市县税源状况科学确定各方承担财政性教育经费的比例，对省域范围内经济发展状况不同的县，确定不同的省级统筹比例，比如对省内经济处在后20%的县，省级统筹的财政性教育经费可占80%，对经济较好的县则可以视情况降低省级承担财政性教育经费的比例。

三是尽早制定《教育经费拨付法》，明确各级政府在公共教育财政经费筹集、均等分配、有效使用方面的责任。

四是坚持维护多主体办学体制，保障民办学校合法权益，阻止其继续下滑，稳定发挥它的供给功能。并通过供给多样性、效能与效率平衡机制提高财政性教育经费的使用效能，减少需求压力。

教育作为国民经济和社会发展全局中具有基础性、先导性、全局性的事业，确保并不断加大对教育事业的投入，困难在于观念和机制。克服困难，顺乎民心，实现国家财政性教育经费有效保障和新的提升，在确保经费总量基础上优化分配结构，仍需不断努力。

5.绩效工资不能成为"官效工资"

中小学绩效工资在各地实施以来，在一些地方和学校，确实对激发教师积极性产生了良好的效果。但同时也应看到，不少地方和学校在教师绩效工资的发放上，产生了不少问题，不只挫伤了大量教师的工作积极性，伤害了教师间的关系和情感，恶化了学校的教育氛围，还给当下及今后的教育工作留下了深层的内伤，并扩散影响到了学生身上，甚至有些学校的教师将当地教育局告上了法庭。

现有绩效工资发放中的主要问题是绩效工资无形中成为"官效工资"。产生这一现象的根源在于现有的学校管理过度行政化，行政权力挤压了专业权利和教师的基本权利。正因为如此，解决这一问题不能再寄希望于对绩效工资的"官方解释"，而是要充分尊重一线教师的权利，提升学校的专业权利，发展校内民主，实行程序公开。

实行绩效工资的初衷是提高教师待遇，同时提高办教育的效率。然而这个制度在设计过程中没有充分考虑到评价教育的绩效是一件很困难的事。教育工作者的绩效，尤其是义务阶段教育工作者的绩效，实际上是一个很复杂的东西。教育的绩效具有长期性、团体性、隐蔽性的特点。在某个学期或者某个学年结束之后就评定某个教师的绩效是不准确的，教师对孩子的影响如何，需要较长的时间才能见分晓。教育的绩效也不是某一个人的功劳，通常是一个教学团队合作的结果。

若一定要在短期内评价，最多只能评价"绩"，根本不可能评价"效"，于是就只能看考试分数。而现实中，生源比较好的班级，成绩自然就好。考高分的学校和班级的任课教师，往往是以将教学比较困难的任务推给那些难以提高分数的学校和班级为条件的，这就导致大多数教师被置于费力不讨好的位置，绝大多数学生因此被抛弃。仅仅依据分数的绩效是不公平的。此外，在绩效评定中，有些是显性因素，比如分数和升学率等，但更多的是隐性因素，比如品德和个性发展，都很难评价。但事实上，这些因素对学生和社会的长期发展更为重要。若一定要用具体的标准来衡量，只能促使被评价者违背教育规律，急功近利，迎合评价标准，损害学生的长远发展。

绩效工资之所以在一些地方成了"官效工资"，实际上，不是绩效工资本身的问题，而是学校管理的问题，问题的根本在于谁掌握这个绩效评价的权力，如何评价绩效。现有的情况下，学校的管理还是行政科层的复制，比较多的还是行政人员掌握着绩效评价的权力，教师本身很少或者完全没有发言权，这是导致绩效评价过程中出现问题的根本原因。

因此，若想有效实施绩效工资制度，其关键并不仅仅在于工资本身的高低或如何对教师进行评价，而是取决于学校的管理水平。在学校管理工作中，教师本应享有知情权、参与权、表达权和监督权。然而，目前大部分学校由于管理不当，导致绩效工资在实施过程中出现了诸多问题。教师未能充分享有这些权利，对于应当了解的情况缺乏了解，提出的意见也无处表达，这导致一些学校因绩效工资问题而长期处于紧张或冷漠的氛围中，进而对教学工作产生了严重的负面影响。

要解决绩效工资留下的负面影响，各地教育部门应该对绩效工资作整体性的、比较客观和真实的评估，然后作出判断：哪些办法对教育和教师有积极影响，哪些有负面的影响，怎样影响了该地教育的发展。

从总体上来看，义务教育阶段的教师工资评定，应该采取一些简单的办法，不要把它弄得太复杂。在绩效工资落实不如意的情况下，还不如根据简单的工资评定办法，比如按职级与工作量等这些认可度高的要素来评定。在更加准确地评价教师绩效的同时，要让专业教师成为绩效评价的主力，而不是简单地由行政人员来评价绩效，更不该仅仅依据行政级别来发绩效工资，不能简单化为校长拿大头。

事实上，一些学校在绩效工资管理方面表现得相当出色。举例来说，有的学校采用了校长和所有行政人员领取教师绩效工资平均数的方式。校长对此进行了解释：行政级别已经在基本工资中得到了体现，如果学校工作表现出色，行政人员应当视为有功；而若工作不尽如人意，行政人员也应承担相应责任。因此，领取平均数是合理且能够被大家接受的做法。深圳市南山区华侨城小学更是通过民主的方式摸索出了一套成熟的做法，有效地解决了各层面的矛盾。这表明，解决绩效工资管理问题的关键在于，行政人员是否愿意在面对不当利益时主动让步。

以上仅是从技术层面解决问题的办法，若要使绩效工资真正发挥提升教育绩效的作用，就不能以工资论工资、绩效论绩效，而需要大力推进学校内部管理改革，让学校成为教师乐于安身立命的精神家园。因此，解决绩效工资遗留问题需要推进学校管理变革，这也是完善学校管理的重要契机。

绩效工资改革所出现的问题，正是当前学校管理制度落后所引发的，解决的根本之道在于改变学校现有管理模式。这种改变主要体现在以下几个方面：

首先，要尊重教师的民主意识，维护教师参与学校管理的正当权利，让教师感到自己是学校的主人而非仅仅是雇工，这样才能使教师的自觉性、积极性、创造性得到充分发挥。用人性化的管理，让教师们焕发出更多的激情和更大的活力，才能最大限度地提高教育工作的绩效。压制教师，用行政一言堂的学校管理方式，不可能获得真正的绩效。

其次，要建立学校民主管理的组织和规范。世界上多数国家都设有学校专家委员会、教师委员会和家长委员会等重要的基本机构，以平衡办学者、教育者、受教育者的权利与责任，使办学不受权势的干扰，使学校管理工作照章有序。各校应根据自身实际，建立行政、教师、社会等多方意见和权利表达机制，明确议事和决策规程，有效推进学校工作。

最后，不改进学校现行管理模式，任何教育改革的良策都是徒劳的。因此，各地要以建立现代学校制度为基本目标，积极支持学校的内部管理改革，并将它作为评价当地教育发展的一条重要考核指标。让教师做学校的主人，创造真正民主的学校，不让教师因此而放弃教育，不让学生因此而放弃学习，这样做最大的受益者将是孩子们。

6. 良好的教育生态应遵守校际伦理

"校际伦理"是词典里没有的词。本人在进行了长期大范围调查后，发现中国不同学校之间存在大量责任与义务关系的问题，也存在学校之间平等与尊严问题，于是便在脑海中产生了校际伦理的概念。

伦理通常涉及的是人与人以及人与自然之间的复杂关系，以及我们如何规范和应对这些关系的规则。在中国深厚的文化背景下，"天地君亲师"被尊为五天伦，而君臣、父子、兄弟、夫妻、朋友之间的相处之道则构成了五人伦。忠、孝、悌、忍、信等理念被视为处理这些关系的准则，但这些观念主要反映了特定文化和社会的相对性。从更广泛的角度来看，伦理作为一门学问，深入探讨了何为善恶、何为道德责任与义务，它为我们提供了行为的指导观念，并对道德现象进行了深刻的哲学思考。

在人与人关系的基础上，必然衍生出人与社会、国家，以及人与自然之间的复杂联系。在这些关系的交织中，人与特定组织、机构、行业之间的关系也得以显现。任何对全社会产生持续影响的团体行为或专业行为，都蕴含着其内在独特的伦理要求。以企业为例，作为独立的法人实体，其生产经营行为必须遵循企业伦理的规范。同样地，学校作为与道德建构息息相关的机构，也必然需要恪守其伦理规则。而学校与学校之间的关系，则需要通过特定的准则来调整和规范。这一切都充分证明了校际伦理的存在以及其重要性。

然而，现实中令人诧异的是，一方面存在大量校际伦理的问题；另一方面又对校际伦理处于无意识状态。

当前，校际伦理问题中最普遍的现象是学校之间的不平等。这种不平等体现在多个层面：城乡之间、不同地区之间、同一地区内的学校之间，都存在明显的差异。学校被划分为不同的等级，如优质学校与普通学校之间的明显差距。此外，不同类型的学校也面临着不平等的待遇，比如职业学校往往被视为低于普通学校，私立（民办）学校也常处于公办学校之下。而在不同学段的学校之间，似乎也存在着一种等级观念，高一级的学校往往被视为高于低一级的，如大学相较于高中、高中相较于初中等。总体而言，这种现象似乎呈现出一种单向的"义务与权利"关系，地位较低的学校往往需要对地位较高的学校尽更多的义务，而地位较高的学校则似乎拥有更多的权利，可以享受其他学校的谦让与供奉。这种不平等现象不仅不利于教育的公平发展，也阻碍了校际之间的和谐与合作。

至于对校际伦理的无意识，这种现象几乎在整个社会中普遍存在。不同学校之间的责任与义务不平等已经成为一种常态，而这种地位的不平等也鲜少有人提出异议。学生、家长、社会各界，乃至政府部门，似乎都已经对此习以为常，缺乏深入思考和改变的动力。即便是那些地位被贬低、权利受到损害的学校，往往也只好无奈地接受现实，缺乏争取平等权益的意识和行动。这种对校际伦理无意识的状态，无疑加剧了学校之间的不平等现象，也阻碍了教育领域的健康发展。

将不同学校划分为三六九等，实质上就是在对学校的师生进行等级划分，将他们区分为不同的社会阶层。这种划分导致了不同学校之间在责任、义务和权利上的不平等,而这种不平等又会进一步影响到各校师生的权益,使他们在这些方面也面临着不平等的待遇。最终,这种校际伦理问题会逐步渗透到整个社会中,加剧社会的不平等现象。因此,校际伦理问题不仅是一个教育领域的问题,更是一个深藏于社会结构中的深层次问题。

这些问题的外在表现是一些地方通过特殊手段催生出的"牛校"和"牛班",以及县一中现象,这些现象揭示了学校之间的发展不均衡和资源配置的不平等。原本,学校之间的发展应该遵循一些基本的规则和伦理,以确保教育的公平性和公正性。学生受教育的权利应该是平等的,他们的成长和发展需求也应该得到多样性的满足。然而,长期以来,特殊的手段和权力打破了校际伦理的平衡,导致学校之间的不平等现象愈发严重。同时,学校过于关注学生的分数,将所有学生按照考试成绩进行排名,忽视了伦理的考量。这种教育理念和定位不仅催生了一批所谓的"牛校",也导致校际伦理失去了其应有的约束力。

违背校际伦理的教育所带来的更大危害在于,它会培养出缺乏人际伦理意识的人。这些学生从学校毕业后,会认为自己享受特权是理所当然的,从而可能对社会的公平和正义产生漠视态度。另外,对于那些在权利受损的学校中成长的学生而言,他们可能会心怀自卑和仇视,对社会持有不满和敌对的态度;或者他们可能会无视伦理规范,采取各种手段去争取自己认为应享有的权利,从而对整个社会的伦理秩序产生冲击。因此,无视、违背甚至冲击校际伦理,实质上是在为社会培养潜在的伦理掘墓人。这种行为不仅破坏了教育的公平性和公正性,也对社会的稳定和谐发展构成了严重威胁。

冲击和消解校际伦理的原始动因在于不当的教育管理。在一些地方,教育管理者为了追求政绩,急功近利地运用财政资源和政策手段来堆砌重点学校和示范学校,这种做法破坏了当地学校的生态平衡,导致了伦理底线被冲破。事实上,管理与伦理之间存在着紧密的内在联系,管理的范围涉及整个社会,自然也会对各个学校产生影响。因此,管理活动绝对不能脱离伦理的规范作用。

正因为如此，改变当下校际伦理失序需要从教育行政部门做起，政府应在政策和财政资金分配上平等对待每所学校，不应再把学校分成三六九等。各校也要自觉意识到学校无论大小，在从事人的教育方面是平等的，应当平等相待，走特色发展之路。社会给学校寻求多样化发展的空间，同时强化校际伦理的建设；学生、家长需理性选择真正适合自己的学校。

7.推动衡水中学从"野蛮"向理想境地探索

衡水第一中学在浙江开"分店"引发舆论关注，不同的人对于衡水中学发表了不同的评论。看到这些评论，我不由得联想到了那个古老的法利赛人故事。法利赛人曾捕获一名行淫的妇人，并强求耶稣按照摩西律法的规定，用石头将她砸死。然而，耶稣回应说："你们中间谁是没有罪的，谁就可以拿石头砸她。"听到耶稣的话，那些法利赛人纷纷羞愧地离去了。当下不少对衡水的指责者以法利赛人自居，却不能像法利赛人那样意识到自己在畸形的教育中也是当事人。

衡水中学的教学及招生方式确实存在问题，这是谁也不能否认的事实。面对这个现实，不同的人有不同的对待方法。其中一种对待是站在道德高地上去指责和谩骂；另外一种对待应该是努力将衡水中学目前这种"野蛮"现状转变成对社会更有利的一种存在。

我们应该清醒地看到，衡水中学目前处于这个现状是由复杂的社会原因造成的，主要是两方面的原因：一是现有的学校管理体制，在这种体制下学校实质上是行政体系支配的一个单位，是行政组织的复制品和附属品，不同学校获得的行政权力大小不一，多获得一点行政权力就有更大的空间，造成衡水中学现象首先要问责的是行政部门而非衡水中学这个被支配的单位。二是现有评价标准过于单一的考试招生制度，只看分数必然可以简单复制而不必精细化地因材施教，才可能使学校提高考试分数，成为巨无霸，获得多数家长的认可。衡水中学只是利用了这些复杂的社会因素，逐步发展成为现在的模样。

如果只是从道德层面或学理角度对衡水中学进行指责，而不试图去改变其背后存在的管理和评价问题这两个核心要素，这种批评在认知上是不够深刻和全面的。没有深入问题的本质，即教育管理和评价体系，这样的指责缺乏牢固的基础，因此也不可能真正解决衡水中学所面临的问题。我们必须正视这些问题的根源，才能真正实现教育的健康发展。

对于衡水中学这种教育现象，我们需要从两个方面进行深入分析。一方面，衡水中学的教育模式存在不健全之处，这有可能对孩子的成长发展造成一定的伤害。其严苛的教育方式和过分追求成绩的氛围，可能会忽视学生个体差异，抑制他们的创造力和全面发展。然而，另一方面，如果我们能够改变现有的管理和评价体系，衡水中学就有可能转变为对社会有益的存在。通过优化管理，增强对学生个体发展的关注，以及建立更加科学合理的评价体系，衡水中学或许能够成为培养优秀人才的摇篮。历史上有很多类似的例子，事物并非一开始就以完美的形象出现，而是经历了一个复杂的发展过程。正如历史典故"周处除三害"所示，通过改变和引导，一个被认为是有害的存在也可以转变为对社会有益的力量。

衡水中学转化的契机是对目前办学体制改革的促进。我过去30多年的实地调查表明，高中教育存在各种严重问题，根本原因是办学模式过度单一，而造成这种现象的根本原因是管理体制的过度单一，办学主体单一，衡水中学所办的民办学校恰恰为高中办学主体多样化提供了一次难得而又有效的机会。

办学主体过度单一与高中阶段的极端应试现象实际上是紧密相连的。尽管许多高中学校的主要经费来源于向学生收费，财政拨款仅占20%~30%，但这些学校却依然挂着公立学校的牌子，且办学主体仅限于政府。不少这样的学校已经被当地社会边缘化，然而它们却并不积极寻求改变。这种旧有的教育体制已经处于无法持续维系的境地，亟须进行深入的改革和调整。

要改善当前的教育状况，最关键的举措是实现办学主体的多样化。允许并鼓励民间办学主体参与进来，将为未来的教育改革提供巨大的可能性。因此，我们不能仅仅站在道德的高度对衡水中学现象进行批判，更应充分利用其对社会和教育有利的一面，推动高中办学主体的多样化。只有在多样化的高中办学环境中，我们才能更好地寻求高中教育的新突破，向着更理想的教育境地不断探索前进。

许多人以破坏教育生态为由提出批评，指出单一的办学模式不可能形成良好的教育生态。无论是浙江还是河北，单一性都是他们面临的问题。为了促进高中教育的未来发展，我们必须实现办学主体的多样化。真正的高中教育完善过程应当是建立在多样性选择和适度竞争的基础之上的。只有这样，当前的高中教育才有机会不断完善，逐步走向更为成熟和健全的教育环境。

如果没有这种局面，仅仅靠某个部门的文件或某些人过于理想的推演是不可能实现的。仅仅通过一种纯粹的理想、期望直接达到一种理想境界实际上也是不可能的。高中教育的完善注定是一个曲折的过程，提供多样性供学生和家长选择，结果一定会相对理想。

8.幼儿教育要走出政府包办观念建立良性生态

谈及幼儿教育的发展，很多人期望政府承担更多责任，这其实是一个认识误区。自1950年以来，中国的教育管理过度依赖政府包办，导致现在出现了诸多问题。问题的根源并非政府管理不足，恰恰是政府管得过多过细。如果继续要求政府过度介入，可能会使问题进一步加剧，而非得到缓解。因此，我们必须明确界定政府在幼儿教育中的角色和职责，以及应出台哪些政策，避免过度干预。在学前教育领域，政府应当集中力量在几个关键点上发挥作用，而不是推行过多的全国统一政策。这样做可以给地方留下足够的灵活性和空间，以便根据各自的实际情况制定合适的政策和措施。如果教育部剥夺了各省的自主权，各省再剥夺各县的权利，最终将导致幼儿园丧失办学自主权，使得幼儿园运营困难，许多问题无法解决。在制定规划和政策时，我们必须明确界限，减少政府对基层的干预，而不是增加约束。应当鼓励地方和幼儿园根据实际情况进行创新和探索，发挥各自的积极性和创造力，共同推动幼儿教育事业的健康发展。

未来需要做什么？我认为有三个方面。

第一，要建立良性的生态。我们面临着义务教育阶段已经凸显的生态环境不良问题。这一问题导致孩子们的教育路径呈现出一种层层递进、向外流动的态势：村里的孩子流向乡里，乡里的孩子流向县城或市里，市里的孩子则流向北上广等大城市，甚至北上广的孩子也会选择到国外接受教育。令人担忧的是，这种趋势在幼儿园阶段就已经开始显现。如果幼儿园阶段的问题不能得到妥善解决，那么我们将无法形成健康、稳定的幼儿教育生态。在2008年制定《规划纲要》时，我曾提出按照人口分布合理规划幼儿园的设置和投资，以确保教育资源的均衡分布。然而，这一建议并未被采纳，而是实施了以乡镇中心园为主的政策。我认为，如果当时能够采纳我的建议，那么现在教育局局长们所提到的村级幼教问题或许能够得到更好的解决。因此，从长远来看，我们必须将建立良性的幼儿教育生态作为核心目标，而不仅仅是追求公办园的数量。单纯的数量增长并不一定能带来教育质量的提升，反而有可能因为投资不当而对整个幼儿教育事业造成负面影响。一个健康的生态环境，将有利于提升幼儿教育的整体质量和品质，最终惠及广大老百姓和普通家庭。

第二，真正建立良性生态，就一定要保障幼儿园主办者的多样性。公办园并不等同于公平和公益，同样，民办园或私立幼儿园也并非必然不公平或不公益。真正的公平，应体现在老百姓是否能够真正受益。我认为，政府的投资应当确保社会底层的孩子能够享受到优质的幼儿教育。只要这一问题得到解决，无论是公办还是民办，公立还是私立，财政投资的目标便得以实现。事实上，私立幼儿园同样是公共产品，是大众所共同享有的教育资源。过去，由于办学主体缺乏多样性，我们的办学质量难以得到有效提升。我自1983年起便在各地进行调研，观察到许多公办学校或幼儿园尽管投入不菲，但并未为当地孩子提供足够优质的教育。在公有体制下，一些问题如工作懒散、责任不明确等时常出现，使得公立机构成为某种程度的"铁饭碗"。然而，随着民办园的兴起，为家长们提供了更多的选择。为何有些家长愿意多支付一些费用将孩子送入民办幼儿园呢？这是因为家长们能够清楚地看到不同教育机构之间的差异。从2005年至2016年，义务教育阶段民办学校的在校生占比以及私立幼儿园的在园生占比均显著提升，这一现象正是市场需求的真实反映。这些孩子中大部分是留守儿童，他们的父母因工作原因去了外地，将他们留在家里并不放心。如果选择将孩子送入公办学校或公办幼儿园，由于许多公办教师居住在城里，他们需要早上先将自己的孩子送到学校，再前往乡镇学校或幼儿园工作，晚上又需提前返回城里接自己的孩子。这种情况下，教师在自己工作的学校或幼儿园的时间就被大大压缩，难以充分照顾到留守儿童。因此，很多父母对此并不放心。而相比之下，民办幼儿园通常能够提供早晚照顾和更全面的学习辅导，这让家长们感到相对更放心。为了保障这些孩子的教育权益，我们必须维护办学主体的多样性，这样家长才能有更多选择的机会，最终让老百姓真正受益。有些地方试行了民办学校的价格放开政策，很多人担心这会导致民办学校提高收费标准。但实际上，这种担心是多余的。因为一旦某所民办学校提高价格，其他学校便会趁机抢占生源，家长自然会选择价格更合理的学校。

综上所述，我认为未来的教育发展趋势一定要维护办园的多样性，不能回到过去那种单一的、由政府包办的局面。只有多样的办学形式，才能满足不同家庭、不同孩子的需求，让每个孩子都能享受到公平而有质量的教育。

第三，要避免政府在教育领域的非理性行为至关重要。我在过去的调查和历史研究中发现，由于权力缺乏有效约束，非理性现象尤为突出。具体到学前教育领域，这种非理性行为表现得尤为明显。例如，政府设定的高入园率要求，如要求达到85%，在我看来是过高的。实际上，当前75%的入园率已经偏高。这种过高的入园率要求导致了许多问题的出现，其中师资水平不足就是典型的问题之一。如果我们能更加专业和理性地对待这个问题，就应该让入园率的增长速度适当放缓。然而，很多地方政府领导往往为了政绩而盲目追求高入园率，忽视了教育质量和实际需求。当其他地方的入园率达到了某个百分比时，他们会感到自己的政绩不足，从而不顾实际情况强行提高入园率。更为非理性的是，有些地区为了提高入园率，甚至主张将没有登记的幼儿园也纳入统计数据中，这无疑是自欺欺人的做法。更有甚者，有些地方政府投入巨资建设豪华幼儿园，以此作为政绩展示。我曾经在某个地方看到政府投入两个亿建设了一所规模庞大的幼儿园，当地领导还亲自带领我们参观，以此来炫耀他们的成就。然而，当我询问这所幼儿园能够解决该区域多少孩子的入园问题时，他们回答说能招收3000个孩子。我又进一步追问这3000个孩子占该区域孩子总数的比例时，他们回答说百分之四十。这种规模明显违背了幼儿园办园的适度规模要求，也不符合国家对幼儿园办园规模的相关规定。根据我长期进行的实地调查，一个比较理想的适度规模是：幼儿园有3个平行班，小学有5个平行班，而中学则有8个平行班，这样才能确保教育质量。一旦超出这个规模，教育质量就很难得到保证，精细管理也会变得困难。然而，地方政府倾向于建设大型幼儿园的现象仍然普遍存在，他们总是试图在规模上超越其他地区。此外，各地还普遍存在着制定强制性要求的情况，如强制要求公办和民办幼儿园的比例达到某个特定数值，这种盲目的运动式发展模式对学前教育的健康发展构成了严重威胁。

  在未来进行规划时，我们必须保持理性，切勿冲动行事。重要的是要明确这级政府所能掌控的资源以及当前急需解决的核心问题。在此基础上，我们应深入分析和筛选，找出最为关键的问题进行集中解决。应当选择那些在我们掌握的资源范围内能够有效处理的事项，而不是贪大求全，试图解决所有问题。举例来说，教师队伍建设、教育督导机制以及第三方评价体系等，都是值得我们关注和投入的重要方面。但与此同时，我们也应警惕过度干预的倾向。

  我时常接到媒体的电话，询问政府是否应该介入某个领域。我认为，如果期望政府面面俱到，最终可能导致什么问题都得不到有效解决。因此，我们必须有所取舍，将有限的资源和精力集中在能够产生最大效益的问题上。通过这种有针对性的方式，我们才能确保政府的工作更加高效、精准，真正为人民群众解决实际问题。

9.该不该撼动中小学英语主科地位

英语学习需改进而非撤退或反复无常。

在讨论是否应将外语作为中小学主科的问题时，我们可以先回顾两段与之紧密相关的历史。首先是1922年新学制中全面开设科学课（包括物理和化学）的决策。这一改革源于此前数年教育专家们对中国教育进行的深入调查，他们发现的主要问题在于教育内容的"不实"，因此提出了针对性的改进方案。尽管当时遭遇了诸如"无用论"和"条件不足"等种种反对声音，但后来的事实证明，尽管大多数学生并未直接应用物理和化学知识，但这些学科的学习对整个民族科学素养的提升和思维方式的改变发挥了至关重要的作用。另一段历史是20多年前教育部发布的《义务教育英语课程标准（实验稿）》。将外语确立为主科，这一决策并非偶然，而是基于当时中国改革开放取得巨大成就、亟须进一步实现面向世界、面向未来、面向现代化目标的战略考量。尽管在实际教学过程中确实出现了一些问题，但从长远来看，这一决策对于建设教育强国、构建高质量教育体系、实现教育现代化依然是正确的。因此，我们需要的不是撤退或反复无常，而是应进一步采取措施，优化和完善外语教育的实施，确保其能够真正发挥应有的作用。

从根本上来说，外语在义务教育中的地位是由该年龄段学生的成长需求所决定的。这种需求主要体现在个体语言能力、文化意识、思维品质和人文视野的培养与发展上。同时，社会发展也对个体的人类交往意识、跨文化理解力以及参与全球竞争与发展的能力提出了更高的要求，而这正是国家竞争力和话语权的重要语言基础。如果不在义务教育阶段引入世界上使用最广泛的外语，就有可能使整整一代人陷入语言孤立，从而失去参与全球竞争的机会。

那些将外语与素质对立起来的观点显然是不能站得住脚的。外语不仅仅是一种语言交流的工具，它与科学类课程一样，本身就是素质、素养的重要组成部分，也是全球化、信息化时代每个人不可或缺的能力。将义务教育课程中的外语课与培训机构所开设的外语课等同起来，同样是一种误解。前者是为了满足学生的基本素养需求，而后者往往更多地被用作晋升比拼的工具。将外语的用途仅仅局限于实际使用或考试目的，这样的看法是颇为狭隘的。外语学习不仅是掌握一门交流工具，更是了解、理解和学习不同文化的必要且重要的途径。至于将学业负担过重的责任单纯归咎于外语，这种观点更是牵强附会，经不起推敲。学业负担是一个综合性的问题，涉及多门学科和多种因素，不能简单地归咎于某一门课程。

在义务教育阶段开设外语，确实是政府所承担的一项教育义务，它反映了国家对于培养具有国际视野和跨文化交际能力人才的需求。对于取消外语在义务教育中的主科设置，如果有人提出政府不能疏于履行其教育义务的观点，我们可以这样回应：政府在教育领域的决策是基于多方面的考虑和权衡的，包括国家发展战略、教育资源分配、学生全面发展等因素。外语作为义务教育的一部分，旨在培养学生的国际视野和跨文化交流能力，这是现代社会的必备素质。然而，随着时代的发展和教育的不断进步，我们需要不断地审视和调整教育政策，以适应新的需求和挑战。如果未来某个时候出现充足证据表明取消外语主科设置对整个民族复兴大业造成了严重后果，那么政府和相关部门确实应该承担相应的责任。然而，这种情况的发生并不是我们愿意看到的，因此，在做出任何决策之前，我们都需要进行深入的研究和论证，广泛听取各方意见，确保决策的科学性和合理性。总之，这是一个涉及面极广的决策，需要政府、教育部门、专家学者、家长和社会各界共同参与和讨论。我们应该以理性、慎重的态度对待这个问题，确保我们的教育政策既符合国家的长远发展战略，又能够满足学生的全面发展需求。

简言之，外语教学的目标没错，设置为义务教育主科的必要性比20多年前更显得充分，但在评价、功能运用上出了较大的问题，也就是教学效能过低，从建立人类命运共同体的长远目标看，从中国与世界各国国民外语基本能力的比较看，外语教学需要加强、改进，而非取消、撤退。

10.起草好的教育规划要心中有人

在全国制定"十四五"教育规划之际，各级政府及各类教育也在制定"十四五"教育规划。怎样才是一份好的规划？除了大的方向正确，还可以从专业的角度加以评价。

为了深入剖析何为优质的规划，我们不妨先审视过去各地和各类教育规划中常见的不足。首先，有的规划只是简单地复制，没有结合当地实际情况，无法针对性地解决当地问题，这样的规划只是上级规划的微缩版，缺乏实用性和针对性。其次，有些规划未能清晰界定自身的现状和存在的问题，用词模糊，让人难以理解其真正意图。再次，有些规划过于宏观，充斥大词和套话，未能充分体现以人为本、育人为本的原则，也未能准确把握教育的需求、特点和原则。此外，规划过程中往往缺乏实际教育工作者的参与，只是少数文秘人员闭门造车，这样的规划与实际工作脱节，难以真正落地实施。同时，有些规划泛泛而谈，缺乏具体、有效、可行的落实措施、机制和方案，只是一味地强调"构建体系"，却无法检验检测实施情况。最后，有些规划追求面面俱到，平均用力，口号雷同，却没有明确的重点和亮点，这样的规划难以产生真正有影响力的教育成果。此外，还存在规划文本文字、词句不过关的问题，影响了规划的可读性和理解度。

要想制定好规划，就要尽可能消除或减少上述问题。即便是没有上述问题的规划，依然只是一份合格的规划。要让规划真的好起来，还需要看到更多深层次、专业性的问题。例如，建立和完善普惠性学前教育公共服务体系是大趋势，也是中央政策一贯的精神。一些地方在做规划的时候，却列出要建多少所龙头或示范幼儿园。这样的规划是不是在强化新的不均衡和不平等呢？政府职责是保底，把每一所幼儿园办好。设置龙头或示范幼儿园，或将幼儿园分级发展列入规划，本身暴露出深层次隐性问题的存在。好规划需要将各方面政策吃透，使所制定的规划能更有效地实施和落实政策。

好的规划还需要对运行与实施规划的主体有比较深刻的认识。一般而言，管理权力集中度越高的政府，在工作中对规划的依赖程度越高，所以规划前需要对政府的权限范围做清晰的界定，不要在政府权限范围之外做规划。事实上，不同地区的政府管理权力集中程度不同，政府与社会其他主体的关系也不同。制定教育规划需要考虑当地的实际，并尽可能用好财政资源撬动社会资源的投入，吸引更多的主体参与教育，增加教育的多样性。

在一些地方可能会出现这样的情况：尽管提高某类大学的升学率一般不在政府的职责范围，可是当地政府还是希望有更高的升学率显示自己的政绩，便在规划中的资源分配和相关安排上鼓励片面追求升学，导致教师工作和学生学业负担增加。当偏颇的绩效追求凌驾于教育规律之上，学校和教师的专业自主性和尊严自然受到伤害。

类似的问题还明显地反映在当下数量过多的培训机构上，这实际上与教育规划中对学校均衡发展的规划与实施力度不足有着紧密的关联。正因为规划中对政府推进教育均衡发展的责任未能充分履行，导致了"城里学校拥挤，乡下学校空荡"的现象，甚至在一定程度上加剧了这种不均衡。教学逐渐演变成了廉价且大批量的单一模式，学校也逐渐沦为了缺乏个性与关怀的教育工厂，大班额、大校额现象频发，而教育品质却鲜被关注，这无疑背离了教育的初衷和基本原则。深入探究这些问题，我们不难发现，它们都与当地教育发展规划的制定不合理有着直接的联系。如果当地在规划阶段就能充分考虑到小班化教学、小规模学校的设置，并一视同仁地对待不同类型的高中，努力构建一个良性的教育生态，那么上述的诸多问题在很大程度上就能够得到有效缓解甚至避免。

系统提升规划的质量需要深入认识规划的基本要素。一是目标明确，不少人常常将过程当作目标，写得很长又不明晰聚焦。"十四五"全国教育规划的目标就是建设高质量教育体系，分散就无所适从。二是明确当地"十四五"期间要解决的主要问题。各地的情况不一样，主要问题就不一样，所制定的规划一定要落在现状与目标的区域里，精心筛选适合当地经济社会发展的问题解决路径与方式方法。三是善用机制，措施有效。例如某些国家政府一方面通过鼓励学生选择以促进学校间竞争来提高教育质量；另一方面让各类学校平等获得财政性教育资源。各个地方都可以找到适当的机制运用在特定时段的教育规划，提高财政经费的教育绩效，提高教育的质量与效率。

提高规划专业性是一个长期存在的问题，需要建立在政府决策科学化的基础上。在规划制定前全面深入调查是提高专业性的前提，每一个数据，每一个表述都需要经得起推敲。在规划制定的每个环节都需要通过规范的程序，不回避问题，对准真问题，并拿得出有效的解决方案。

在制定教育规划时，我们必须充分考虑到规划之外的各种影响因素。回顾20世纪五六十年代，全球各国，包括美国在内，主要关注的是入学率、教育结构以及教育的内外部效益。随着时间的推移，各国教育的焦点逐渐转向学校内部，更加深入地研究学校管理与教学问题。进一步地，重心又下移至学生的学习状况。因此，在当今时代制定教育规划时，我们有必要深入了解全球教育发展的整体趋势，明确规划的核心目标是为人的健康成长和全面发展服务。只有这样，我们才能制定出既符合时代要求又切实可行的教育规划，推动教育事业不断向前发展。

与其他类型的规划有所不同，教育规划在制定过程中存在一个普遍问题，那就是往往简单地将教育规划等同于其他类型的规划，过分注重硬件设施和物质条件，忽视了教育的软性层面以及人的核心地位。实际上，教育规划应当深入把握教育的本质和主体性，始终以人的成长为中心。简言之，我们需要深入探索当地人在成长和发展过程中面临的各种问题，充分整合并利用当地的资源来加以解决，从而畅通当地人通过教育实现更美好生活的道路。只有这样，我们才能制定出真正符合教育本质和当地实际的教育规划，为人的全面发展提供有力支撑。

11. 教师当下最需要的还是尊重

教师是教育工作的主体。截至2016年，全国各级各类专任教师共计

1578万人，由于人多量大面广，社会情况变化较大，依然有不少急需解决的问题。

比如2016年全国学前教育专任教师223.2万人，比2012年增长了50.9%，快速增长的部分原因是受到当地追求提升入园率的政绩冲动影响，而不少新入职的幼儿园教师并不具有合格的资质，这将会在未来的较长时期内影响到幼儿教育的质量。2016年，全国义务教育专任教师总数达到了927.7万人，相较于2012年增长了2.1%。尽管有所增长，但这一增长量相对较小，其背后原因是生源数量的下降。同时，我们注意到在城镇地区，由于大量学生的流入，教师资源显得相对不足；而在乡村地区，由于大量学生的流出，师生比例偏低的问题愈发凸显。更为严重的是，乡村教师的整体素质偏低，这进一步加剧了上述问题，并导致情况持续恶化。

乡村教师问题无疑是教育领域所面临的重要挑战之一。为了解决这一问题，自2013年9月起，我国开始实施乡村教师生活补助政策。这项政策由中央财政提供综合奖补资金，共计112亿元，覆盖了中西部地区的708个连片特困县，使超过130万的乡村教师受益。目前，全国乡村教师的生活补助人均月标准接近375元，而少数地区更是高达2000元，这对于改善乡村教师的生活条件起到了积极作用。2015年国务院办公厅颁布实施乡村教师支持计划以来，乡村教师的待遇和地位有所提高，全国300万乡村教师的获得感显著提升。同时又需要看到各地的情况不平衡，说了几十年的教师工资收入不低于当地公务员的要求在不少地方尚未实现，甚至在不少地方，乡村教师的工资低于当地外出务工的农民工，由此影响到真正优秀的人才进入教师行业。

年长的人常有一种感觉，现在教师的学历水平大大提高了，名头也多了，培训下大力气了，各种计划不少，质量未必有多大的提高。很多人认为，20世纪80年代的中师生之所以质量上乘，其深层原因在于当时有相当高比例的优秀人才选择投身于教育事业。然而，与之相比，如今选择从事教师工作的优秀人才比例却远远不及那个时期，这已然成为一个亟待通过有效措施加以解决的问题。为了提升教育行业的吸引力，我们需要从多个方面入手，如提高教师待遇、改善工作环境、加强职业培训等，从而吸引更多优秀人才加入到教师队伍中来。

解决这一问题，确实需要一批具有献身精神的教育工作者，他们应当爱岗敬业、无私奉献，致力于教书育人，为国家繁荣、民族振兴以及教育发展做出历史性贡献。然而，除了教师的努力外，政府、社会、家长和学生等方面对教师的尊重也至关重要。当前，教师面临的诸多具体问题，其根源往往在于外界对他们的尊重不足。可以说，全国1578万教师现在最渴望的便是得到应有的尊重。这种尊重应当体现在多个层面：在宏观层面，国家政策的制定和政府行为应充分体现对教师的尊重和重视；在微观层面，教育教学管理、评价等与教师工作密切相关的各个环节也应当体现对他们的尊重和认可；此外，在日常交往中，学生、家长以及社会成员都应当给予教师足够的尊重。

以每年一度的教师节为例，这个本应是对教师表达敬意的日子，却时常出现一些不尊师的现象。自1931年中国开始设立教师节以来，至今已有86年的历史。特别是从1985年全国人大常委会通过议案，正式确定每年9月10日为教师节至今，也已过去了33年。然而，受到各种社会风气的影响，教师节的意义逐渐被淡化，甚至有许多人已经不清楚它原本的意义和价值了。

比较普遍的现象是，不少地方把教师节变成学生给老师送礼的节日，于是不同家庭背景，不同个性和观念的学生以怎样给教师送礼成为每年教师节的一道难题，众多教师不知如何应对，原本正常的师生关系无形中被扭曲，原本良好的教师形象也被这面哈哈镜照得变了形。

还有一些人想借教师节表现自己：领导人想借此展现领导形象；商家想借此做生意，打着尊师重教的名义搞促销；文化人以此作诗词歌赋；家长想借此提高自己和孩子在老师心中的地位；其他各种社会行当的人也以教师节为名，用各种形式达到自己的目的。原本纯净的教师节被画了个大花脸。

当然，引发教师节含义偏离的还有一些政府管理部门的不当行为。一些地方的教师节变成了"名师节""模范教师节"，组织开展活动都只有"优秀教师""特级教师""最美教师""教育系统劳动模范""有突出贡献的教育专家"们参加，与大多数教师无关，使得这个节日只是少数教师的节日，在普通教师心中这个节日已名存实亡。

还有不少地方把教师节当作"教育"教师的"契机"，召开大会，表彰奖励，领导讲话，学习报纸文章，把教师节当成了"教育教师节"，客观上把老师当作"教育对象"，缺乏对老师起码的尊重，引发不少教师心中不悦，以至于有些教师提出要废除教师节。

设立教师节的本意就是尊师重教。在1983年3月全国政协六届一次会议上，方明以及民进18位政协委员联名提案中就明确提出《为提高教师的社会地位，造成尊师重教的社会风尚，建议恢复教师节案》。然而，在尊重教师方面，我们是不是就无事可做了呢？答案显然不是，现实中，仍有一些令人痛心的现象存在，如安徽几个男生群殴收卷的马老师，聂老师背上被贴乌龟的羞辱，以及不少地方的老师被欠薪的困境……诸如此类的现象还有不少。这些例子都说明，现实情况与教师节设立时所期望实现的目标还有较大的距离。整个社会距离尊师的起码要求也还有很长的路要走。正是这个距离让优秀人才远离教师职业。

尊师重教首先要由政府和政府的工作人员带头，把尊师的底层工作做好。与其把众多教师召集起来开大会，还不如领导们分头到切实需要解决问题的教师那里谈谈心，听听他们的诉求和心声，心平气和地商讨对策，解决他们的工资、住房、医疗等方面的实际困难和问题，保障每一位教师都能按时足额领到自己的一份工资；每一位教师不再需要应对太多的评比检查，都有属于自己的完整假日；每一位教师不再在升学率中苦苦挣扎，都能保证足够的睡眠时间；每一位教师能够自主确定自己每年9月10日的时间安排，而不是被安排；每一位教师都能有更多的教学自主权，走在大街上能真正为自己的职业而由衷自豪，从而吸引更多、更优秀的人从事教师职业。若能如此，教师节的尊师工作就接近到位了。

学生和家长尊敬老师同样有大量的工作可做，不要简单地认为给教师送礼就是对教师的尊重。怀着功利的动机送礼实质上是收买，恰恰是对教师的亵渎，让教师这个词沾染上了俗气。真正的尊重是由言行外显而不需要利益输送的内心状态，是感受到老师真心诚意地把他的学生当成自己的小孩负责，学生和家长也是真心诚意地把教师当成自己生活中很重要的人来看待，是内心的同频共振、信赖、敬重和感激的自然表达。如果尚未有这种情感、精神联系，就需要对教师的工作有更多的了解，不妨把了解当作建立尊重的起点，避免在不了解的情况下武断以为教师不值得尊重。

教师节应该属于每一位教师，每一位教师都应得到无差别的尊重。不少人常以××教师不优秀、不杰出、某件事上做得不好为不尊重的托词，这样的想法在逻辑上是站不住脚的，也是导致尊师大堤崩溃的蚁穴。因为现实中不存在完美的教师，尊师源自其自身职业特质和需求。

教师的工作在很大程度上决定着每个人的未来，尊师重教不只需要口号，更需要全社会的政府职员、家长和学生以及每个人真诚尊重老师的言行，营造尊师重教的氛围，提高教师地位，保障教师权益，并引导学生和家长用恰当的方式表达对老师的尊重。

对教师的尊重获益的远不止是教师，而是整个社会。

12.好教师必须是智慧的

不少人已经隐约意识到好老师是充满智慧的。然而，事实上，还有太多的老师缺乏教育与教学智慧，他们并不明了智慧在教育中的独特作用与必要价值。因此，我认为有必要进一步明确：好老师必须是智慧的。

古代先哲早就明白，智慧而非知识或强化的训练对人的成长具有更重要的价值。中国古人所称的三达德"智、仁、勇"就将"智"放在首位，苏格拉底认为探求普遍知识的方法是基于智慧的"产婆术"。最近恰好有人对"好老师"的认知做了一项调查，结果显示，学生们选择"智慧"的只有被选最多选项"认真负责"的10%，占总被选量的2.3%；教师选择"智慧"的只有被选最多选项"道德高尚"的10%，仅占总体被选量的2.1%。这意味着师生们都未把智慧当作教育的重要因素，也未将智慧作为判定是不是好老师的依据。

或许只有智慧的人才明白智慧的价值，并有效运用智慧。不够智慧的人则无法看到智慧的价值，终生在不智慧的胡同里难以走出、难以唤醒。如果这样的人做教师，不只害了自己，还会伤害他所教的学生及他们的家庭，乃至整个社会。因此，学生、家长、学校、教育管理机构乃至全社会都需要摒弃蒙昧、短视和功利的心态，共同认识到"教师必须具备智慧，优秀的教师更应是智慧的化身"这一重要观点。同时，我们还需在教师的招录、管理和评价中建立切实有效的机制，确保智慧在教育中不可或缺的地位得以彰显。只有真正智慧的人才能胜任教师这一职业，也只有教师采用智慧的方式进行教学，才能逐步引领整个社会走出愚昧，迈向智慧的殿堂。这样的教育才能引导更多的人追求、创造并分享幸福，也才能使教育在民族复兴的伟大征程中发挥更加积极的作用。

（1）智慧的教师是化解教育难题的关键

智慧是一个人统摄各方面聪明才智、实现所确立目标的生命智能，是一种高级创造思维能力，包含对自然与人文的感知、记忆、理解、分析、判断、推理、辨别、参与、协调、创造、发明、升华等综合能力，是人的各智力器官的综合终极功能，是生命的形而上的技能。

智慧的核心在于更好地解决问题的能力。然而，在当下教育的发展中，我们面临着诸多挑战。通常，我们的应对策略往往是针对问题本身去寻求解决之道，却忽视了其中一个重要的角色——教师。教师们不仅是这些教育问题的接收者，有时也可能是某些问题的源头。在问题层出不穷的客观背景下，教师能否迅速且准确地识别问题，判断其根源，并根据自己的实际情况去减缓乃至化解这些问题，对于防止教育问题的积累和恶化起着至关重要的作用。智慧的教师，他们能够敏锐地洞察问题的本质，防患于未然，甚至在危机中找到转机。这样的教师和教育环境，其中的问题自然会越来越少，即便有问题产生，也不会引发超出可控范围的不良后果。相反，缺乏智慧的教师可能无法及时识别并判断问题的关键所在，任由问题不断恶化，找不到有效的解决策略，甚至会错过解决问题的最佳时机。更糟糕的是，他们有时可能误将问题当作业绩来炫耀，这无疑会使问题更加难以解决。

　　一项政策，以智慧的方式对待需要经历分析、理解、判定及选择，只有确立自身主动性、主体性、自主性，找到自己在该政策中的定位和适合自己所处情境的解决方式才能施行，才可能用其利，避其害。非智慧的方式就是层层进行原文全盘接受，不了解实际，囫囵吞枣，盲目施行，其效果自然不会好到哪里去，不能切实解决要解决的问题，还会反噬产生新的问题，难以实现政策目标。

　　智慧的教师承担着传播知识，启发思想，引发学生探求真理的职责；缺少智慧的教师眼里所能看到或最关心的是知识、考试分数、升学，难以改变积久而成的短视化、功利化观念，从而导致师生不敢思想、不会思想、不能思想，更难以迈上探求真理之路。智慧的教师自己做到并引领学生深刻地理解人、事、物，体验自己的内心与他人、社会、宇宙，置身于现状、过去与将来的人类延续时空，学会思考、分析、探求真理。智慧的教师充分发挥教育的育人、自育、互育功能，缺乏智慧的教师则将教育异化为依据标准答案不断强化的单一训练，使得教育的灵魂丢失了，给学生成长造成难以弥补的损失，不断衍生新的教育问题。

　　智慧所体现出来的各种能力，如对学生的深刻了解、精湛的教学技巧、自我学习的能力、出色的行为举止以及独特的创造力，这些并非完全取决于一个人的知识水平或学历高低。实际上，这些能力与过于专业的知识关系不大，反而与常理常识有着更为紧密的联系。因此，我们常能看到一些朴素而智慧的人，他们或许没有丰富的知识背景，也没有高学历的加持，但却能够洞察事物的本质，展现出深刻的智慧。在教育这个充满多因多果的复杂系统中，我们所面临的问题往往错综复杂。为了有效化解这些问题，减少其发生频率，并避免新问题的产生，一个可持续的策略就是提升每位教师的智慧。只有让每位教师都具备足够的智慧，才能更好地应对教育领域的各种挑战，推动教育的持续健康发展。

（2）学生成长与社会需求多样性亟须教师智慧应对

　　智慧是教师身上最具有弹性的变量，也是教师最有可能足智多谋、有效应对外部多样性需求的基本素养,是超越世俗认识更接近真理的能力。

　　教师的智慧主要表现在两大关键方面:一是对每一个具体、鲜活的学生内心世界的深入理解,对他们成长状况的敏锐感知,以及对他们成长需求的精准把握。就像叶企孙先生发现李政道、钱学森那样,教师需要在日常教学中发现学生的非凡之处,并创造条件满足他们的成长需求,助力他们实现潜能的最大发挥。二是教师的智慧还体现在对社会历史、现状以及未来发展的深刻洞察,对人的人格、能力以及相关需求的全面理解。这两方面都是复杂且多变的,因此,对教师的智慧提出了更高的要求。在过去,当教学要求仅限于"应教尽教",即把知识传授作为教学重点时,对教师智慧的需求相对较低。然而,随着教育理念的转变,现在更加注重"学足学好",即培养学生的综合素质,使其成为社会真正需要的人。在这种背景下,学生与社会之间的需求与满足关系变得更为复杂,教师的职责也更为重大。他们不仅需要传授知识,更需要引导学生发现自己的优势潜能,并帮助学生将个人潜能与社会需求相结合,实现自我价值的最大化。因此,为了实现这一目标,我们需要更多具备智慧的教师,他们能够根据每个学生的特点和需求,采取个性化的教学策略,帮助学生找到自己的发展方向,实现个人与社会的和谐共生。

　　智慧的教师自己有个性,也会尊重学生或他人的个性,总能找到智慧的方式培养学生,给学生更多的尊重、自主、选择、机会。这样的过程就触动、激发学生更好地运用、发展、发挥自身的智慧,培养出更多更有智慧的学生。缺少智慧的教师往往不顾一切地要求学生按照自己确定的标准形塑学生,缺少对学生基本的认知和尊重,不注重培养学生独立、自主学习和生活的能力,仅仅希望学生考高分,做对标准答案,最终成为无法应变的"标准件"。当社会中大多数人都是标准件的时候,千人一面,功能雷同,能力相似,相互排斥,难以黏合,无法形成合力,必将导致社会效率低下、问题丛生,呈现一种沙化的状态。《墨子·尚贤中》所描述的"若使之治国家,则此使不智慧者治国家也。国家之乱,既可得而知已"状况就不可避免。

智慧的教师自然会明了各种因素对于未成年人健康成长的价值，会放手让学生做自己学习的主人，辅佐他们独立前行，不断发展和协调自身智慧的情感、观念、思想、智力、非智力、知识、信息、方法、能力、技术、工具、审美和评价系统，在好奇心的驱动下自主探索是最有效、最可持续的成长。这样教育的学生才能依靠自己的努力学到立足于社会的本领，运用自己的学识、能力、远见创造自己的幸福，还能与他人共创、共享幸福。

当然，智慧的教师并不是为了减轻自身的压力而偷懒，而是在看得更多、更广、更深、更细、更远的前提下，审时度势后再择机行事，以更有效的方式方法培养学生。智慧的教师善于将自己的智慧与学生的智慧相碰撞，他们不会简单听命于指令而不去对指令本身及其实施效果进行分析就盲目执行。

（3）不确定性不断增长需要师生一起智慧地走向未来

智慧在内容维度表现为善辨是非，在时空维度体现为远见卓识。过去是智慧的镜子，未来只有透过智慧才能看得更清晰。面向未来，教师需要看清人类文明前进的方向，并引导学生也看清人类文明前进的方向。方向不对，功夫全废。看清方向，抬头乐学、乐干，才能真正减轻师生的负担，同时获得对个体与社会都良好的收益。

智慧的教师不是将自己所认为的人类文明前进方向以标准答案的方式告诉学生，而是引导学生学习历史，参与社会实践，验证证据，掌握分析、判断的方法，用自己的慧眼看清人类文明前进的方向，养成在未来世界和未知环境中具有较强生成能力的未成年人。

人类自古至今，不确定性随着时代进步快速增长。自有教育以来，智慧就像乳汁一样，养育人的同时也促进教育的健康发展，使人具有不断增长的能力和智慧，去应对不断增长的不确定性，从智慧中获得快乐、方向与动力，也体现了极端命运对人的真正检验，只有经得起各种考验才能获得大智大慧。智慧越发达，社会变化越迅速，人生就越能获得满足，这样的不断反馈所产生的结果是，智慧的人因为自己的选择越来越智慧，愚昧的人因为自己的错失越来越愚昧。

每个人，尤其是每位教师都不应在这样的选择面前迷失，而应该不断提升自己的智慧觉醒程度。没有人能给你智慧，必须自己去寻觅、追求。人的遗传智慧与获得智慧、生理机能与心理机能、直观与思维、意向与认识、情感与理性、道德与美感、智力与非智力、显意识与潜意识、已具有的智慧与智慧潜能等，都取决于当事主体是否自主、自觉、清醒地运用。

对于教师而言，是否能达到智慧的境界不完全是由知识多少与学历高低决定的。智慧既包含先天遗传的恩赐，也是后天体验与不断积累的经验的结晶。智慧是在不断克服愚昧的过程中逐步显现的，通过不断剔除自身的愚昧，教师方能变得更加富有智慧。而与学生一同智慧地相互切磋、激励，不仅能够助力学生的成长，更能够确保教师自身处于充满智慧的环境之中，从而实现智慧的可持续发展。

简言之，随着时代的发展，好教师必须越来越智慧。

13. 走好教师职业生涯道路的六个关键要素

近几年报考教师资格证的人越来越多，甚至有不少拿到博士学位的人选择到中小学当教师，我从内心为这样的选择叫好，不是因为他们将成为我的同行，而是这种选择是社会良性发展的需要。

刚走上教育岗位，不少人内心会摇摆，纠结自己是否真的选对了职业。当然，不同的标准衡量就会有不同的结论，我认为最重要的标准是——自己的优势与潜能是否能得到发挥？社会是否真的需要？对于自己而言是不是现实可行？

首先，如果以这三条标准衡量，自己大部分都是符合的，我们就需要做更长远的打算；其次，一个人能不能成为称职的、优秀的教育工作者，还需要在工作岗位上经历3～5年的磨砺和检验。

想走好教育职业生涯路，与以下六个关键因素相关。

（1）要有爱心

陶行知先生"爱满天下"的教诲就是要我们养成爱心。

爱需要在生活中不断积聚，虽难以达到"爱满天下"，但仍可努力为之，以关照到越来越多的教育所失或未能尽善之处。教师的爱心不是抽象的，而是具体的。爱要能被学生感受、理解，并和学生形成交流与互动。教师要用爱心关爱学生，为学生成长、发展服务，努力解决学生成长过程中遇到的问题。

（2）要有教育使命

为教育而教育的人只能成为"教书匠"，为了建设理想社会而从事教育的人，才能体现教师的真正使命。"士志于道，明道济世"是古人关于"使命"的经典表达，即致力于发现真理，用真理去解决社会问题，用真理创造幸福生活。将教育事业当作自己的人生使命，而不仅仅是一份职业，才有可能使自己的教育人生更加精彩。

（3）要维护自主权

当下中国教育普遍存在的问题是师生的自主性不足，这种状况当然与教育管理、教育评价的不当有直接关系。如果教师和学生都变得"被动"，那么教育就无法实现培养健全的人的目标，教师的职业价值也就会大大降低。对于教师而言，维护教学自主权最为重要，它决定着学生能否自主学习，也决定着教学的品质。所以，教师要在所处的环境中守住自己教学自主的底线，明晰权责边界，与各种损害教学自主权的行为进行抗争，不要让自己成为教学自主权失守的缺口，要明白维护教学自主权，就是维护学生成长的权利。

（4）要有逻辑能力

我们这里讲的是能力，而非知识。逻辑能力在人的健全人格养成中发挥着基础性的作用。

缺乏基本的逻辑意识和能力是当下年轻人普遍存在的问题。互联网上有许多缺乏基本逻辑的情绪宣泄，不少人不分情境地将比喻当作推理，因此跌入非黑即白、非左即右的二元对立陷阱。有的人听到不同意见就不顾事实和逻辑，上升到道德批判的高度，在师生、家长和社会中造成了许多混乱。与此同时，人人都可以对教育"评头论足"，关于教育的信息不辨真假地被海量传播，也使教育难得安宁。

"习惯教育""全脑开发""智慧课堂"及各种新瓶旧酒、花样翻新的教育概念无孔不入，会直接对孩子的成长造成伤害。这就要求教师必须有较强的逻辑辨别能力和清晰的概念系统，分清真假、是非、俗论与专业意见，才能不迷失教育的方向。

（5）要提升自己的科学素养

调查数据显示，教师科学素养不高仍然是个亟待解决的问题。其实，无论教哪个学科，教师都需要一定的科学素养和科学精神，需要原创性的思维能力，需要实证思维和动手能力。青年教师更要抓住精力旺盛、思维敏捷的时机，打好科学素养的基础。

（6）要养成自我反思的意识和能力

《孟子·离娄上》中的"行有不得，反求诸己"是人类进入较高发展阶段的学习形式。

当下教育教学中大量使用标准答案进行考试评价的情况，使学生形成标准答案式思维，也挤压了教师的自省空间。这种评价体系很难锻炼人的思辨能力，导致师生只会"复制粘贴"，实践能力较差，丢失了原创性思维，与现实的生活需求形成了巨大的差距。

为此，教师需要有意识地通过自我反思来矫正思维，要多问自己一些问题，多思考"为什么"，而不是仅仅关注标准答案，使自己成为机械的、被动的教育工作者。

好的教育一定源自优秀的教育思想、原理和理念。

我庆幸自己在职业起点就确定了"人类优教"的教育思想，它不是短期就能实现的目标，可能是无论我怎样努力，终生都难以实现的目标，但它带给了我不竭的动力和没有终点的行程，所以我能一直走下去，并不断取得进步。

与各位教育界同人共勉，希望我们都能坚定自己的教育理想，不断进取，成为优秀的教育工作者。

14.能培养出高分学生的就是好老师吗？

电视连续剧《天才基本法》提出了一个多少年来社会普遍关心的问题，那就是——什么样的老师是好老师？对于这个问题的思考，不同的人可能会有不同的结论。我想结合亲身经历，谈谈自己的看法。

我上初一的时候，学校设立了3个平行班。其中，一班的班主任是王老师，他拥有20多年的教学经验，并且在当地以严谨的教学风格而著称。而二班和三班的班主任则是两位刚从高中毕业的年轻民办教师。我被分到了三班，班主任是周老师。王老师精明地将他所知道的几所小学成绩好的学生搜罗到自己班里，多次悄悄地搞测验。这招似乎很有效，因为在期中、期末考试中，我们三班总是落后于一班。但是，班主任周老师与同学们年龄接近，常和我们一起打球、劳动、平等交流、谈心。他认真负责，尊重学生，与学生们的关系非常亲密，以至于有时候不照他的要求做好我们都不好意思。40多年后，大家出乎意料地发现：三班同学整体发展状况明显好于一班，直到今天，大多数同学还与周老师保持着密切的联系。

这些年来，我长期从事教育研究工作，这个例子在我所作的大面积调查中具有普遍性。事实上，成功的教育不会一蹴而就，可很多家长却急功近利，希望自己的孩子马上能上好学校、马上出好成绩，甚至单纯地认为只有那些严格抓考试的老师才是好老师。

客观地说，在当前以分数和升学率为主导、尚未彻底改变的评价体系下，家长的选择虽然有其合理性，但我们也必须正视一系列严峻问题，如孩子体质下降、自主性减弱、沉迷于网络、情感孤独、社会性能力低下以及非考试分数方面的成长严重不足等。面对教育领域的这些突出问题，唯有那些能够积极应对、有效解决这些难题的教师，才能称之为真正的好教师。而那些对这些问题视而不见，甚至以自身行为加剧问题严重性的老师，显然不能被誉为好老师。

鉴于此，当下的好老师需要做什么呢？不妨将孩子的培养比喻为造车，严格管理与筛选好比刹车，学生自主学习和成长能力就是发动机。要想提高一台车的性能，主要是将刹车制造得更好还是将发动机设计制造得更好？稍有常识的人都会明白，主要需要更好的发动机。

一个人在校期间所学的知识是有限的，而课程标准所涵盖的内容更是其中的一小部分。无论老师如何严格要求学生，学生的考试成绩即便再高，也只能反映出他们在有限知识范围内的掌握程度。因此，我们更应注重为学生留出足够的时间和空间，允许他们根据自己的兴趣和需要自主选择学习内容。只有这样，我们才能真正激发他们的好奇心，培养他们对学习的浓厚兴趣，以及自主学习和独立思考的能力。尤其重要的是，我们不应错过孩子15岁左右这个关键时期，要引导他们树立远大的志向，从而让他们在未来的未知环境中具备自主成长的无限可能性。

在信息化社会，具有无限可能性及相关能力远比获取有限的知识重要，好老师必须能够通过有限的知识教学养成学生的学习能力和自主能力以及探索精神，而不能把考试成绩作为终极目标抑制学生兴趣、爱好和自主性成长；必须更多地激发学生的内在动力，节制从外部对学生过度的挤压与选拔。

15. 优化大学教师薪酬结构

日前，复旦大学某教授的工资单在网上流传，工资单显示实际这位教授到手的工资只有8000多元，引起众多网友热议。大学教授该有多高的薪酬一时也成为社会话题。

复旦大学教师的工资在全国高校中还是较高的，该校教授工资单引发热议，只能说明全国大学教授工资整体水平不高。相比之下，一些省属地方院校教授的工资更低，中西部高校的教师工资尤其低，而被称为"青椒"的高校青年教师工资更显得微薄，这是目前高校教师工资的基本状况。

高校教师工资低的原因是多方面的，在现有教师薪酬体系里，根本性的原因在于对教师的管理、评价和薪酬回报三个环节。

在管理层面，近年来高校过于强调从各方面争取项目，而行政部门也倾向于通过课题管理的方式来对高校进行监管。这导致许多教师不得不依赖各种项目来提升自己的收入水平。一旦获得项目，不仅教师个人拥有充足的经费，其所在部门和财务管理机构也能从中获得显著的利益，从而形成了一个紧密的利益链。对于那些不参与项目的大学教授，即便他们在学术界享有崇高的地位，其收入也会相对有限。这种管理模式显然被趋利倾向所主导，暴露了高校管理存在的漏洞和不足。

在评价层面，如何定义一位优秀的大学教授，其职责究竟何在，这是一个值得深思的问题。是应该鼓励他们不断争夺那些资金雄厚、声名显赫的项目，还是应该将主要精力投入到教学中，或者专注于自己认为有价值但不一定需要申请经费的研究中？教书育人和科学研究作为两种不同的价值取向，本应在高校中得到平衡的兼顾。同时，对于那些有名有经费的项目研究与教授个人认为有价值的自主研究，我们也应该给予足够的关注。然而，现实情况是，在大量为了完成指标而赶制的课题研究中，往往会产生大量的学术垃圾。相比之下，教师的自主研究则更有可能产出精品。然而，在许多高校中，如果教师没有申请到相应的项目，他们的考核就会不合格，这迫使教师不得不为了获得资金而四处奔波，甚至进行一些无效的研究。因此，当前最紧迫的任务是要为那些甘愿坐冷板凳、专心做自己认为有价值的研究或者热爱教学的教授创造一个公平的评价环境。我们应该确保他们能够通过各校的考核和评优机制，得到学校的认可和支持。这样才能真正激发教师的积极性和创造力，推动高校教学和科研水平的持续提升。

在薪酬回报上，大学管理者的主要责任是要保底，也就是要维护好所在学校教师尊严的底线，使他们的所得与付出相当。保不住底线的高校对教师就没有吸引力。这些年，不少高校花了不小的精力做广告高薪招聘，很少顾及自己的底线是否保住了，以至于"招来女婿，气坏儿子"，学校的薪酬体系没有从整体上激发教师的积极性，还生出众多矛盾。

关于一名完成了基本工作量的大学教授应享有的收入水平，我们可以从两个维度进行参照比较：首先是与过去几十年大学教授的工资水平相对比；其次是与国际上大多数国家的大学教授薪资水平相比较。从目前的情况来看，无论是与过去相比，还是与国际水平相比，现今我国大学教授的基本收入都显得偏低。这一现状反映出我国大学教授的薪酬体系有待进一步完善，以确保他们的劳动价值得到合理的体现。

大学教师工资的问题深层次还涉及国家高等教育经费应该怎样支出的问题。当下高等教育经费常常以项目的方式被各个行政部门分割，每个部门都高高在上，拿着经费让大学教师不断地来投其所好申报项目才能够获得经费。这使得高校教师长期处在高度紧张的状况下，不断地填表、申报项目、迎接评估，然后才能获得更多的收入。然而，对于那些已经对这套机制看得很透的教师来说，他们可能并不愿意屈服于这种体制，而是更倾向于追求自己认为更有价值的研究或教学工作。

行政部门掌控经费的项目诱导体系也导致了一些教授很难安心工作，长期在外面东奔西走，结交关系，四处提高自己在外的影响力，以期获得课题和更多别的收入。所以有些大学教师看起来很忙碌，实际上却很难安定下来做真实的研究或甘心从事教学，对教师本身的职责没有很好的履行，大学本身的特质和功能自然难以坚守。

的确一些大学教师加上课题、项目等经费，收入很可观，晒出的工资单不能说明什么问题，但这并不能掩盖大学教师薪酬结构不合理的问题。这种薪酬体系倾覆了大学的价值，基本工资太低的负面后果已经越来越凸显。老师疲于报账、跑项目、做课题、兼职讲课，就没有时间安心教学和做真实的研究，一股浮躁的风气也就油然而生，学生也成为受害者。

因此，要从根本上解决大学教师收入偏低的问题，并非仅仅提高工资那么简单。我们需要在管理体制、评价体系和薪酬制度这三个关键环节进行深入的转变。只有这样，我们才能构建出更为合理的大学教师工资结构，并确保其能够随着社会生活水平的提高而逐步增长。在确保了基本收入得到保障的基础上，我们再鼓励那些真正有能力的教授通过自身的努力获取学校以外的资金支持，以此进一步激发他们的工作热情和创新精神。

政府要转变财政经费拨付方式，尽可能通过全口径的预决算把更多的项目经费转换成大学基本支出，而非以项目的方式拨款。以提高大学基本支出标准的方式让钱通过规范的渠道进入教师的基本工资当中，其最终的目标就是让那些在校内兢兢业业工作的教师也能获得体面的收入和尊严。

16. 教授能否终身制，专业评价是关键

据媒体报道，近日，在某职业学院的专业技术岗位竞聘中，有教授因业绩处于同级竞聘岗位末尾被降为副教授，副教授则因同样的原因被降为中级。这一事件引发一些人疾呼打破"教授终身制"，并得到众多青年学者支持，认为改革已"刻不容缓"。

首先，当下高校中专业评价的专业性不足，不够硬实，漏洞较多，结果是一些没有专业志趣和能力的人也能通过各种方式顺利获得教授任职资格，占了岗位却取得不了什么绩效，阻碍了真正年轻有为的青年学者的职级晋升，于是就在获得终身教授的人与青年教师之间形成了较大的张力。尤其是在一些专业基础不够扎实，学术传统未得到传承的地方高校，这种张力有逐渐增大的趋势。其次，我国大学教授职称的终身制与国外大学的终身教职及教授职称终身的组织基础不同，使用效果自然也不同。国外大学与教授之间的聘用关系明确为双方关系，而我国公立大学财政编制制度的存在，决定着大学与教授之间并不具有完整的聘用关系，有编制教师的工资待遇由国家财政列支，教授吃的"大锅饭"并不是大学提供的，仅仅是政府将这口"锅"放在大学里而已。

在这种情况下，部分高校采取打破教授终身制的竞聘教授岗位的做法，可以缓解一些矛盾，在局部对部分人产生激励。但这样做在一定程度上混淆了因果，具有更大的风险。

第一层风险在于，如此竞聘的依据与程序是否专业。一些高校已经尝试主要用量化指标作为竞聘依据，从现实情况来看，难免不够专业，也难言客观公正。第二层风险在于，如此竞聘能在多大程度上获得共识和支持。因为职称评定主要是对一个人相对稳定的职业能力的认可，工作业绩则带有机会性，甚至与所在部门工作安排有关，是与人际关系关联的过程性的外显，用什么作为依据使取得教授职称显得更加公平公正，对此不同人会持有不同观点。第三层风险在于，此竞聘存在不对称比较，也即将青年人、不同年代的中老年人放在同一标准下比较。"降级"了一个教授，会引发其他教授精神紧张与焦虑，诱发学术功利化倾向，忽视教书育人等软性指标，甚至导致一些人干脆选择离开，恶化整个学校教师职业环境与科研生态。第四层风险在于，打破教授终身制的动力，一般认为主要来源于学科评估与大学排名给高校造成的巨大压力，如果仍将在短期内追求指标增长作为大学发展的初始目标，从而把压力传导到教授身上，那么会使大学"跑错"方向。或正因如此，早在2001年前后，就有一些地方宣布要打破教授终身制，实行聘任制度，事后由于体制基础难以改变，以及整体效应超出可控范围，真正实施者寥寥无几。

在当前这种情况下，是否应该推进打破教授终身制呢？我认为，高校应该根据自身实际情况来做出决策。想要进行此尝试的高校管理者首先需要判断，学校是否确实存在大锅饭、平均主义和论资排辈等现象，并且这些现象是否严重。如果存在并且情况严重，那么可以启动相应的改革程序；但如果并不存在或问题并不严重，那么完全可以通过其他方式来改进并逐渐消除这些现象。其中，一个有效的途径是加强专业评价，使教授的年度考核更为严格、合理和有效。这也是常用的一种手段。简言之，对于那些在学术传统和专业评价方面表现良好的大学，不宜轻易打破教授终身制。然而，对于那些在专业评价方面未能做好工作，且在教授评聘过程中明显或严重受到非学术因素干扰的高校，可以尝试打破教授终身制。但需要强调的是，这样做的前提是能够建立起一个更为规范、专业、客观和公正的专业评价体系。只有在此基础上进行改进，才能将那些真正表现平庸的教职员工降级使用，同时为真正有才能的人提供施展才华的机会。

还需要说明的是，不少人评上教授后确有"出工不出力"的现象，而这种现象的出现与当事人状况相关，与所在大学的管理与评价的不完善也不无关系。教授终身制的效果，在很大程度上取决于使用它的环境与条件，改善评价是改变该制度赖以发生作用的环境与条件的关键之举。逐渐完善专业评价，也可以逐步消除教授终身制的弊端。

17. "名师"是歧路，良师才是正途

近年来，"名师工程"和"教育家培养项目"层出不穷，我也经常被邀请担任项目专家或评委，这让我感到十分为难。经过深思熟虑，我决定畅所欲言，将多年来所见所闻所思一一倾诉出来。我的目的在于对教师培养和教师专业成长产生积极的影响，希望能够借此机会为教育事业贡献一份微薄之力。

（1）"名师"场，选秀场

目前，社会各界对"名师"都有着极强烈的需求，家长希望自己的孩子能够进入"名师"门下，以获得更好的培养、成长和发展；学校需要以"名师"为招牌对自身加以宣传，提高学校的竞争力；教师希望自己成为"名师"，不只面子上好看，待遇亦会有质的不同，同时还能增加更多的工作机会；教育管理部门希望有"名师"，因为"名师"是管理者的政绩，"名师"越多越有名就越能显示出教育管理的优秀；教研部门希望有"名师"，这样有利于编辑发行"考研、教参、复习"资料；当地社会希望有"名师"，这样才能增强人们对教育的信心；就连媒体也希望有"名师"，这样记者才有题材，版面和节目上才有内容……

于是各地"名师"纷纷涌现，他们的照片和业绩频频出现在学校的"名师"专栏中。然而，不同"名师"在专栏中所占的位置和空间却各不相同，这种刻意安排的差异不仅彰显了教师之间的尊卑地位，也显露出背后强烈的功利性追求。目前，许多学校都在竭尽全力打造"名师"品

牌。有的学校设立了专门的"名师办公室",制定了"名师"管理暂行办法；有的学校则模仿"快男超女"的选秀方式,发动学生评选自己心目中的"名师"。同时,教育管理部门也在不同层级上开展各种"名师"评比活动,包括各类评优大赛、赛课、赛论文、赛设计等,凡是与教师职业相关的内容几乎都被纳入比赛范畴。媒体也积极参与其中,大肆宣传报道,使得优胜者一举成名。此外,各地考试成绩排名也屡禁不止,每年都能根据排名产生一系列所谓的"名师"。在"名师"的管理上,还存在着明确的级别划分：国家级名师、省市级名师、地市级名师、区县级名师、校级名师等,俨然一个热闹的选秀场。这种种现象让人不禁思考,我们是否真的需要这么多"名师",以及这种追求"名师"的方式是否真的有助于教师的专业成长和教育事业的进步。

(2) 异化的"名师"

虽然历史上教师多是默默奉献者,但也不能全盘否定教师成名。相反,作为教师的一员,我真诚地希望优秀教师能够脱颖而出,成为实至名归的"名师"。然而当下的"名师"以及与"名师"相关的一些行为已然走上了歧路。

从各地各校评选"名师"的标准和程序中,我们不难窥见"名师"是如何产生的。这些评选标准通常包括一些关键词,如充分发挥名师的示范和辐射作用,具备"全天候"教学开放的能力和水平,公开发表文章,承担市级以上的科研课题,以及具备"市学科学会常务理事长"的资格等。各学校还往往制定了具体的目标,如计划培养一定数量的"名师",并为"名师"试行年薪制。同时,"名师"办公室通常在区教育局党委的领导下,负责名师的评选、认定和管理工作,并保留对评选办法的最终解释权。通过这些标准化的程序和要求,各地各校纷纷打造出了自己的"名师"队伍。然而,这样的评选机制是否真的能够选出真正优秀的教师,以及是否有助于提升整个教师队伍的素质,仍值得我们深思。

各种办法的字里行间不难看出三个词：功利、计划、行政,即评选"名师"的动机是急功近利的短期行为,只能制造教师专业成长的泡沫；

程序是事先计划好的，给你"名师"的名额就会有"名师"产生，各校当然争着要名额；在决定是否当选"名师"上，经过一些程序之后最终由行政部门决定。简言之，它不是依据优秀教师内在成长和发展的规律，而是出于外在的、功利的需求。某个地方"需要""名师"时，"我要唱戏你来演个事先安排的角色，当然会给你甜头"的戏码便会不断倾情上演。

断定"名师"是一条歧路，重要的依据是它可能产生的不良后果。

首先，它对学生成长真的有益吗？这种评选直接冲击正常教学。本来，教师做好教学工作的重要前提之一是了解学生，依据学生成长和发展的需要来组织、设计教学行为。不同学生的知识、能力、潜能各不相同，评价教师应该依据他的教育教学对学生产生的有效影响来决定，而非教学成绩。仅依据教学成绩评价教师，使教师的教学脱离了学生的实际需求，不得不采取应试、填鸭、强迫式的教学方法来凸显教学业绩。这种评选造成了多地多校忙于作秀，忙于上公开课，忙于开会评比。

其次，它对教师发展真的有益吗？现在的"名师"评选在价值上存在误区，很多教师追求"名"而忽视"实"，追求外在而忽视内在，目光盯着各种优胜的标准而非学生的成长与发展需要。依据现在流行的量化标准进行"名师"评选时，不仅有可能对一般的教师产生误导，也可能断送那些被评选出来的所谓"名师"的前途。因为他们大多还未达到"名师"的境界，还处在成长和发展之中，"名师"的光环使他们失去了成长和发展的自主性，断送了他们进一步发展的潜力。这样的评比让教师间关系恶化、协作困难，大大动摇了教师安身立命的根基，破坏了校园的教育氛围。

最后，被冠以"名师"的人经得起时间检验吗？"名师"的成长与发展是一个极为复杂的职业发展与生命成长的过程，而不是一个简单的量化教学成绩的过程。教学成绩的量化只是成为"名师"必备条件中的一部分，而且是表面的外在的部分。若评选"名师"流于表面，就会导致学校和教师把作秀般的公开课作为课堂教学改革的全部，把写论文作为教学研究的全部，把题海般训练所得的成绩作为教育的全部。这样做亵渎了"名师"的称号，不出数年，"名师"们便会原形毕露。

有些实地调查更让人吃惊。有些学校的"名师"只是工具，是漂亮的装饰品，只在领导检查考察时出现，在公开示范时出现，在校际活动时出现，在为学校争取资源时出现，也就是说，"名师"实际上很少或干脆不从事教学工作。大量的教学工作由那些没有名的教师做，这些教师即便是做了实质性的优质工作，也不能名正言顺地得其名。简言之，"名师"已经异化了。

（3）至善乃良师

中国基础教育正经历一个从数量增长向质量提升的过程，在这一过程中，需要大量的优秀教师，而"名师工程"却将它引上了歧路，这与整个教育理念和管理体制直接相关，只有"悬崖勒马"的呼声是远远不够的。于是我只能告诉那些有良心、有责任感的教师、教育工作管理者：摆脱对"名师"的盲目追求，做一名实实在在的良师。良师不只是一个目标，还是一个由每个人自由探索的路径和广阔空间。

良师的概念是相对的，对我而言是良师的人，对你来说未必也是如此。因此，师生之间的互动、相互促进和共同进步的效果，应当成为评价良师的核心且关键的标准。

良师是要通过实践来体现的，不能由静态的品行和能力评价就得出结论。真正的良师不仅学问高、能力强、品德好，他更要了解学生，有为学生的成长与发展迎难而上的勇气，才有可能成为学生心中真正的良师。因此，只要教师潜心为学生的成长发展服务，即使有这样那样的不足但仍是良师，相对地，即使教师的各种素质过硬、有类似"名师"的荣誉称号，但心智却游离于学生之外，也不能算是良师。

一个人是否能成为良师在于对学生的爱与关注，它能唤醒教师的成长意识，激励教师不断前行；一个人是否能成为良师在于是否能走进学生的内心世界，那里有众多让你百思不得其解的教育难题，求解的过程便是教师的成长过程；一个人是否能成为良师在于他能否形成深厚的人生积淀。真正的良师，会通过理性的判定确立自己成长发展的路径，绝不外骛于一时的名利得失。

　　"名师"只是于少数人的追求，良师则应该是每位教师不辍追求的境界。

第三章

学校改进之行

1. 教育惩戒权的边界在哪里

据媒体近日报道，江西省南丰县一名15岁女生，因听写不出单词被英语老师罚做200个深蹲。随后女孩被确诊横纹肌溶解症，一度被下发病危（重）通知书。这一事件引发网友对于教师惩戒权的热议。

涉事学校南丰一中的校长表示，该老师体罚学生肯定不对，但当时的出发点是抓学生单词过关，有一种惩罚的意味，该教师认为这并不会对学生的身体造成伤害。不少人可能与校长的想法类似，将该事件与近些年讨论比较火热的"赋予教师惩戒权"联系起来。事实上，该起事件不只强度上超越了正常界定的惩戒范围，明显构成体罚或伤害，更为关键的是，惩戒主要用于对学生违规行为的处罚，而并不适用于学生的学业成绩是否达到某个标准这种情况。也就是说，教师不能因为学生学业不佳或者不达标而对学生实行惩戒。

在近代教育史上，确实有私塾先生在学生学业未达到要求的时候"打板子"，在不少家长的认知中，也默认当自己孩子学业成绩不理想时教师可进行惩戒。受以上这些因素的影响，不少人对于因学业不理想而对学生进行惩罚的现象习以为常，在一定程度上导致这种现象在学校教育实践中大量存在。这在客观上对当事学生的权利造成伤害。

此外，教师使用惩戒经常发生问题，重要原因之一就是教师与家长和学生各方所持的对惩戒观念、内涵、边界、操作方式的理解及认识各不相同，而且随着社会发展，两代人就此形成明显的"代沟"。为此，有必要进一步明确惩戒权到底该如何合理正当使用。

惩戒意在"惩治过错，警戒将来"，是通过对不合范行为否定性的制裁，避免其再次发生，并促进合范行为的产生和巩固。惩戒为教育的必要手段，它又应受到法治规范，必须在儿童权利受到保护的前提下实施。

1986年制定的义务教育法正式写入"禁止体罚学生",1993年教师法再次强调这一禁止性规定为教师的法律义务。不过,值得指出的是,惩戒不是体罚也不是管教,当下包括众多教师在内的社会成员对惩戒概念的误读还相当普遍,对教育惩戒适用范围的边界还比较模糊。

其实,划清教育惩戒的一条大的边界并不复杂,它针对的是违规行为,而非行为结果。回到开头的新闻事件,中小学教师的教育惩戒权,使用目的在于有效实施教育和管理,主要适用于对学生的违规违纪行为的阻止和处罚。学生违反学生守则、校规校纪、社会公序良俗、法律法规,或者有其他扰乱教学秩序、妨碍教学活动正常进行、有害身心健康的行为,教师应当给予批评教育,并可以视情况予以适当惩戒。学生的违规行为包括学业违规,比如旷课、考试作弊、不按时完成作业等。

学业违规与学业状况有明晰的边界,相应地,在对学生实施惩戒时,也必须严格分清学生是否有违规行为。上述事件中涉及的写不出单词不属于学业失范,只能算作学业未达到某一要求。导致这一情况的原因其实很复杂,有身体条件、智力、兴趣、教学方法等多重原因,可能部分原因就在教师身上,教师据此惩戒学生,显然理由不充足。

希望由这则沉重的新闻事件所引发的讨论,能在相关群体中达成共识,即惩戒权不适用于针对学生学业状况,这也是我们在厘清惩戒边界中值得迈出的一步。

2.教育惩戒艺术仍值得继续探索

很长时间以来,关于要不要对学生进行惩戒,如何进行惩戒的讨论,社会一直没有停止。日前,教育部在前期广泛调研、公开征求意见的基础上,制定颁布《中小学教育惩戒规则(试行)》(以下简称《规则》),对这一热点问题作出回应。

《规则》第一次以部门规章的形式对教育惩戒作出规定,系统规定了教育惩戒的属性、适用范围以及实施的规则、程序、措施、要求等,为教师依法依规进行教育惩戒提供了依据,也厘清了惩戒与体罚之间的边界，对惩戒的实施范围作了更明确的界定。

正如《规则》所明确的，教育惩戒不是对学生的任意惩罚，而是"学校、教师基于教育目的，对违规违纪学生进行管理、训导或者以规定方式予以矫治，促使学生引以为戒、认识和改正错误的教育行为"，这与明确给出的7类不当教育行为一起，划清了教育惩戒与惩罚的边界。教师在实施惩戒时，要严守这一边界，父母、社会各方面也不宜跨越这一边界对教师实行的正常惩戒加以质疑或干扰，如此才能更有效地发挥惩戒的教育效能。

在实施惩戒过程中，教师与学生的正当权利都需得到维护。惩戒是教育的一种方式，要坚持教育惩戒的育人属性，同时惩戒也是学校、教师行使教育权、管理权、评价权的具体方式，教师实施教育惩戒应当遵循教育性、合法性、适当性的原则，"符合教育规律，注重育人效果；遵循法治原则，做到客观公正；选择适当措施，与学生过错程度相适应"。学校应当支持、监督教师正当履行职务，维护教师合法权益，教师无过错的，不得因教师实施教育惩戒而给予其处分或者其他不利处理。此外，在实施过程中，还应注意到双方权利的同等保护，这也是依法治教的必然要求。

《规则》明晰了惩戒的分寸，为各方面就教育惩戒达成共识奠定了基础，必将大大减少家长、公众以及社会对教育惩戒的歧义及争议。不过，这并不意味着今后关于教师的惩戒就不会再有争议。因为，惩戒作为教育的一部分，它本身就是一门艺术，它的使用总是处在不同的情境下，不存在唯一的标准、方式，教师必须有一定的自由裁量权。既然作为艺术，那么对它的探索就是无止境的。

对于情境，《规则》要求学校、教师可以在学生存在不服从、扰乱秩序、行为失范、具有危险性、侵犯权益等情形时实施教育惩戒。而这些情形本身又有知情与否、初次与屡次、情节轻重的差别。《规则》将教育惩戒分为一般教育惩戒、较重教育惩戒和严重教育惩戒三类，如何对应这三类惩戒显然必须经过教师的裁定。而不同老师如何裁定显然与他的工作经历、教育智慧、师生关系等因素直接相关。

在整个教育过程中，教育智慧高低不同的人，使用惩戒教育的比例不同、方式不同、组合不同。智慧的教师将会更加充分使用正面引导，十分谨慎地使用惩戒；先使用积极引导，迫不得已时才使用惩戒；将惩戒当作高悬之剑，让每个学生都能看到其威严，却未必用它触及某个学生的身体。在使用方式上，《规则》本身就是对每个在校学生都要面对的"惩戒"，并非要惩戒到某一个具体的学生才能发挥惩戒的教育效用。

在惩戒实施过程中，教师的艺术水平还体现在能否依据因材施教的原则，根据自己对学生的了解，对不同的学生以不同的方式使用惩戒，学生性格特征、过错过程、动机与效果、心理状态等因素都应该作为惩戒实施的背景条件加以考虑。教师要切忌以自己的情感左右惩戒，尤其不能在明显不理性的时候使用惩戒。

《规则》给学生、家长等相关当事人依法参与制定、完善校规校纪，明确学生行为规范，健全实施教育惩戒的空间和机会，显现出规则的开放性。学生自己参与制定班规校纪，自愿遵守，自觉监督实施本身就是最为有效的教育。各校在实行的过程中能否结合本校具体情形、制定适合的规则，考验学校治理者的智慧。

《规则》的发布是一个新起点，关键还在于如何落实好。在探索的过程中，建立健全教育惩戒的实施、监管和救济机制，让学校和教师会用、敢用、慎用教育惩戒，让家长和社会理解、支持、配合学校及教师的教育和管理，共同实现立德树人的目标，仍任重而道远。

3. 论幼儿自主游戏

2006年，我前往一所幼儿园进行调研，园方特地安排了孩子们的表演，以供到校的各位来宾欣赏。表演结束后，我跟随他们观察了一段时间，发现原来在舞台上表演的都是老师精心策划的游戏，严格意义上来说，那并非孩子们真正自主选择的游戏。然而，儿童是自主游戏的主体，同时，自主游戏也不等于教师对幼儿的放任自流。那么，教师应该采取哪些具体的、有效的引导策略来促进儿童的发展呢？此后，我不断深入地观察和思考儿童的自主游戏，逐渐在这方面形成了自己的见解和认识。

（1）自主游戏的概念与特征

由于对自主游戏重要性的认识尚不充分，自主游戏至今并未形成一个规范的概念，人们在实际中使用得也不多，对它的特征与边界认识也很模糊，所以有必要对自主游戏的概念加以明晰。

游戏是儿童对现实生活的再现，具备某些经验的儿童可能在游戏中将它表现出来。儿童通过游戏将已获得的生活经验及简单的知识经验进行实践、尝试，重新建构以形成新的经验，逐渐获得能力，掌握与人交往的技能及行为规范。

自主有两个参照：一是相对于客观状况、生活环境等外部强迫和控制的独立、自由、自决和自主支配活动的权利与可能；二是相对于客观现实能够合理利用自己的选择权利，有明确的目标和进取心。自主游戏即儿童在游戏中自己有支配和选择的权利，游戏方案不再由教师事先制定、规定，而是根据儿童在游戏中的表现，根据儿童的需要及存在的问题确定。在儿童的游戏活动中不断生成新的方案，使游戏进程不断调整以更有效地满足儿童的愿望和需要，进而培养出独立自主的儿童。

自主的内涵就是自觉地决定自己的行为，是人的成长与发展在社会中得以充分实现的最佳方式和途径。自主的人自己选择目标、行为与思维方式，解决问题的途径和方法，能成功地控制、利用外部环境和自己的意志以及情绪冲动，能发展良好的自主性和自主能力。自主性强的人才能方向明确，并能更加敏锐地体察到身边的信任感、温暖感、实惠感、舒服感，自觉地适应各种情况的变化，自觉地发挥自身的积极性和创造性，从而对社会发展做出更大贡献。

自主游戏是自然而然发生的，是儿童自主学习、求知欲的自然表达，没有功利性目的和理由，可以自主模仿，也可以放任狂想；可以自成规矩，也可以不成体系，由着性子放开"玩"。自主游戏能使人愉悦、满足好奇心且并不受预设结果左右。自主游戏可以是个体游戏，也可以是群体游戏，由参与者自己达成某种契约，释放独特个性，不同于由他人规定的游戏。

从游戏来源考察，自主游戏与模仿游戏相对，它是孩子自己创造的。人类在千百万年的进化过程中，在不同地域、不同文化中都积累了大量游戏，比如各种棋类、球类的游戏，民间流传的"老鹰抓小鸡"，等等，它们的内容、规则都已经完善，不能算作自主游戏。

自主游戏不是课程化、教学化、模式化的游戏，而是孩子们自然、自发形成的游戏。不少家长、幼儿园老师将前人已经开发出来的游戏传授给孩子们，可称之为传授游戏，不能算作自主游戏。但孩子在玩传授游戏基础上创作的新游戏可以算为自主游戏。

自主游戏较非自主游戏含有更高的创造性，但事实上，它又不完全等同于创造性游戏，不能对它的创造性期望过高。互联网上有不少被程序员开发好的在线程序游戏也不能算作自主游戏，因为它的过程完全依据已经确定好的程序、规则，玩游戏者按既定流程操作即可，不能算作自主游戏。

自主游戏的根本特征是儿童对游戏活动具有支配、控制的权力和能力，包含对游戏活动的决定权和参与权。严格地说，自主游戏是儿童以自我满足为目的，在特定情境中自发、自主想象，自主选择、确定游戏主题，根据自己的兴趣和需要自行设计，依据自己的快乐和优势潜能特征自由选择角色，自主制定规则，自主组合玩伴，自行监督规则执行，自主评价游戏的效果，自主修改和不断完善的游戏。童年斑斓的自主游戏是幼儿获得快乐、满足需要和愿望、自发的行为，也是自主表达、自由和权利的象征。

自主游戏不是游戏的一类，它是游戏的一种方式或性质。因此，不能把游戏简单地分为自主游戏与非自主游戏，而只能看其自主性高低，自主游戏所具有的自主性更高。倡导自主游戏就是让儿童拥有自由选择游戏的权利，养成自主能力，选择自己想玩的游戏内容，而不是由他人安排或指定。教师和父母要深入了解儿童，最大限度地发展其潜能，为儿童自主性的发挥创设条件和机会，从而促使儿童主动学习、主动内化、主动发展，成为自己成长与学习的主人。

（2）自主游戏对儿童成长及解决当下突出问题的价值

在幼儿阶段，最有效地实现自主发展和自主能力提升的途径就是自主游戏。培养儿童自主性、自主能力和自控能力，改变当下青少年中普遍存在的被动性，不仅对儿童当下的学习有帮助，对其一生的长远发展更为重要，将使他们获得终身受用的宝贵财富。

自主游戏的重要价值在于自主。在自由、自主的状态下，人的成长和发展才能达到天性所赋予的最佳和极致程度，人的能力唯有在身心和谐、自由自主的状态下才能发挥出最佳水平，所以教育的最佳境界就是让学习者处于自由自主状态。以束缚、控制、压制、监管对学生进行大负荷、高强度、标准化和快节奏的训练，会严重干扰儿童正常的生长过程，破坏人的天性，导致形成被动人格，使得充满好奇心的禀赋逐渐丧失。如此，这个社会就没有千姿百态的人，没有杰出的人才，甚至严重到没有正常的人。心灵不完整，人生就不会幸福。

创造力的发挥需要自由、宽松、尝试性、非功利性的环境。解放儿童的自然天性，他的创造力才能正常发展。自主游戏能释放幼儿的独特个性，具有解放创造力的功能。销蚀自然天性的人工训练将消耗孩子的创造力而使其变得呆板，限制自由即是限制人的原创力释放。一群玩泥巴的孩子会创造出成人看来全然无聊的各式作品，他们对此的认知、行为、评价、反馈都是释放独特个性的体现。有人曾经把儿童分为自由组、模仿组、控制组进行游戏，供给他们相同的材料。自由游戏组可以自由地玩，模仿组被要求模仿成人的常规做法，控制组被要求做指定的事，结果显示自由游戏组儿童玩出了更多的非标准性答案和创造力，这表明自主游戏对幼儿创造力的发展具有独特优势。

试图通过训练来发展创造力和培养杰出人才是认识误区。顾此失彼地提前强化，让幼儿在某些具体方面达到童年或者少年水平是不可持续的。通过自主游戏释放创造力能实现可持续成长，它重视的不是具体的创造产品，而是儿童的创造性思维、创新精神、创造品质，是儿童先天创造力的释放。自主游戏不追求规范，不计较正确与否，不在意是否有合适的技术方法，它能在自由、自主、自然的生活中激发幼儿的创造力，这种创造力是可持续发展、多方协调平衡的创造力。针对当下儿童游戏暴露出的被动化、非活动化、室内化、少数化、高贵化等各种弊端，倡导自主游戏能形成有效矫正。

儿童将在自主游戏中学会自己做主，学会独立行动，自主地控制自己的行为，管理自己的意志，免于不经思考听从他人指挥，遇事依赖他人。面对分歧时，他能尝试做出自主判断，通过自主游戏提升组织能力，与同伴交流沟通能力，不做性格懦弱的人，以自己独特的方式成长。

自主游戏是孩子积极主动的活动过程，也是幼儿兴趣得到满足、天性自由的表现，是积极性、主动性、创造性充分发挥和人格建构的过程。它对幼儿成长产生的作用主要有：在自主性发展的关键期促成自主性和自主能力健全发展，发展孩子的创造想象能力、自主设计能力、与他人合作与分享的能力、建立规则的意识和能力、遵守规则的意识与自控力、自我评价和改进完善的能力、对多种因素的协调能力，上述各方面几乎很难通过被动的知识传授实现，自主游戏才是儿童健全成长的必备基础。

福禄贝尔深刻认识到游戏在儿童成长中的重要价值，这一观点也作为基本原则被写入多种教育政策之中。然而，尽管有如此的重视与强调，我们对儿童自主游戏价值的认识仍远远不足。目前，这方面主要存在以下问题：

一是对游戏本身的价值认识依然不足。不少父母、中小学、幼儿园受整体评价体制的影响，更加重视知识教学，知识学习侵占了孩子的游戏时间与空间，"小学化"代替了"游戏化"。孩子们的游戏时间往往呈现出碎片化的状态，无法得到充分保障。有时，孩子们正玩得兴致勃勃时，却突然被老师宣布游戏时间结束，这无疑打断了他们的游戏体验。另外，一些商业机构为了规避相关政策规范，将知识教学巧妙地包装成游戏形式，以此吸引家长和孩子们参与。但这些游戏往往只是作为伪装性或过渡性的工具，实质性的目标仍然是固定的知识教学，而非真正促进儿童自主游戏的发展。

二是对自主游戏重视远远不够。3~4岁是孩子进入精力旺盛的年龄，身体机能蓬勃发展，内心也变得越来越强大，越来越"野"，任何事都想尝试、模仿，爱探究，正是自主游戏的关键期。当下，大、中、小学生在学习过程中普遍存在的被动性和依赖性的源头即在幼儿期缺少自主游戏。他们在自主性养成的关键期、最佳期和敏感期，被家长、幼儿教师用违背天性的方式养育、教育，将生活与学习的时间、空间全部填满，被迫接受全时空的他人安排，孩子因此觉得枯燥无味、不自由。此后的学习阶段被安排得越来越紧，直至上了大学，不少人仍不会自主学习和自我规划，不会自主安排时间和确立目标。一旦离开老师和家长的督促，就不知道自己该干什么。

三是错误地认为自主妨碍教育。事实上，自由和自主是最适合教育的一种状态，需要每个人自主探索。它对普通人来说能显示出努力的方向，且能在现实中实现，是最有可能促成每个人成长的适性教育。自由和自主是感知心灵尊严和世界善良的根本所在，它们引领我们回归人类精神的发源地，去深入思考并解答当前的困境。自主意味着一次勇敢的冒险之旅，它要求教育的参与者摒弃那些廉价的现成标准，挣脱前人设定的知识框架，冲破喧嚣、浮躁和利益的桎梏，从庸俗的束缚中解脱出来，历经磨砺后迈向更加美好的未来。

（3）教师在儿童自主游戏中的定位与作用

教师在儿童自主游戏中的定位可以表述为：①观察者，观察是为了了解，需要带着欣赏的眼光与心情观察，理解幼儿游戏的方式和特点，发现其闪光点和奥秘，让孩子获得认可、自信，进一步认识游戏主体的特征；②陪伴者，让孩子感觉到父母和老师在场，有安全感；③参与者，可以在缺少角色的时候成为孩子游戏中的一个平等角色，也可通过非游戏时以提供材料、场地等方式参与；④互动者，在游戏进行过程中及其前后都可与儿童进行互动、讨论；⑤诱导者，在发现孩子有自主游戏的欲望和设想时，给予恰当的激励，诱发其转化为实际的游戏行为；⑥建议者，根据对孩子正在进行的自主游戏的了解和自己的知识、经验，和孩子一起想办法解决在玩该游戏过程中遇到的问题，提出具有操作性的建议。简言之，教师要成为儿童自主游戏的支持者、合作者和引导者。

明确了自己的定位之后，教师在幼儿自主游戏中能发挥哪些作用呢？

首先，为了保障幼儿早期的健康成长，应充分激发其内在发展潜力，避免过早或过度地施加外部干预。自主游戏的目的就在于促进孩子的内在发展。父母和教师需要精准把握孩子内在发展与外部影响之间的平衡，确保在6岁之前，孩子的内在发展占比不少于60%。然而，当前幼儿生活中，这一比例普遍低于理想标准，需要引起我们的重视与改进。

其次，提供、创造并保障相应条件。提供游戏需要的材料、环境、时间和场地，做好安全保障，避免幼儿的身心健康受到伤害。提供的游戏材料与工具不能过于死板、老套。教师提供的材料固然可以让孩子直接玩游戏，但在一定程度上可能会让孩子错失自主寻找材料的过程与机会，变通的办法就是同时提供多种材料和机会（但又不能过多过滥），让孩子做选择，孩子们才有更浓的兴趣去玩游戏并探究。当孩子遇到困难时，家长、教师可提供帮助，但切忌大包大揽，要以提升孩子自己解决问题的能力为主。还可以教孩子一些实用的方法，如鼓励孩子邀请同伴参与进来，结成游戏玩伴，彼此交流、互相督促，帮助孩子更有效地玩好游戏。

最后，给予恰当评价、激励。对自主游戏评价的标准不应是老师和成年人的标准，而要依据儿童意愿、特征和能力，不能总觉得孩子的游戏不符合生活实际、没按教师要求、预想地去玩，不符合成年人制定的游戏规则，就急于教给孩子们"正确的玩法"。教师应依据儿童自己的标准，更加看重游戏过程对孩子成长的效能，孩子是否玩得好、玩得透、玩得投入和高兴，并给予孩子鼓励；而非只看结果、成效，急切希望孩子在每一次游戏中都有所发展、有所提高。

在儿童自主游戏中，教师要注意避免犯以下错误：

① 中断幼儿的自主游戏。幼儿的游戏可接续性低，注意力容易受其他对象影响而转移、分散。不少父母和教师觉得孩子的游戏没有达到自己的目的，总想寻找机会教育孩子，不时地中断幼儿的自主活动，千方百计地把幼儿的自主活动引向成年人事先设计好的"筐子"里。如此，自主游戏就变成了教师或父母导演的游戏，孩子自主探索、自我体验、

自主创造的权利被剥夺了，幼儿自主游戏的积极性就会受到挫伤。

②僭越游戏主导权。自主游戏的主导者应该是儿童，而非家长和教师。在需要做出选择的时候由孩子抉择，幼儿自主游戏的主题、玩具的选择、游戏的方式以及何时进行与结束都应该由孩子自己来确定，教师只需要为幼儿自主游戏的顺利进行做一些必要的准备和帮助，让孩子成为自主游戏真正的主人。在给予建议的时候，要尊重孩子的意见，避免将自己的意志强加给孩子，从而让孩子有充分的主动性和责任心去完成游戏。

③游戏内容与方式单一。每个儿童自主游戏的需求本身就是多样的，游戏环境也具有多样性。由于游戏的主人是儿童，选择什么游戏是儿童自己的权利，因此，在游戏环境的创设上就需体现开放性和多样性，而现实中幼儿园的设置和安排显然都过于封闭、单一。

④游戏机会不均等。儿童对游戏活动拥有自主支配和控制的权利，在可能的前提下，应确保每个儿童都能享有均等的游戏机会。均等的游戏机会对于保障儿童自由选择想玩的游戏至关重要。如果这一条件无法满足，孩子们可能会被迫接受无法玩到心仪游戏或只能按照他人意愿游戏的现实，这无疑会限制他们自主性的发展。因此，我们应努力为儿童创造均等的游戏环境，让他们能够充分享受游戏的乐趣，并促进自主性的提升。

教师在自主游戏中的角色是多重的，需要改变过去在指导游戏中对"指导"的片面理解，依据实际情况以多重身份指导游戏才能适应儿童自主游戏的需要。当儿童需要游戏材料时，教师是游戏材料的提供者；当儿童需要帮助时，教师是游戏的支持者和援助者；当儿童需要教师一同游戏时，教师是儿童游戏的伙伴和参与者；当儿童不需要教师介入时，教师是游戏的观察者；当儿童分享游戏经验时，教师是倾听者和提问者。

教师在引导儿童自主游戏的过程中，既要充分发挥儿童的自主性，又要让幼儿在自主中养成规则意识，具有建立规则、遵守规则的能力。在确保儿童是游戏的主人的基础上，教师充分理解才能适度参与、合理引导，共同面对难题；在鼓励儿童自主探索、尝试的前提下，避免垂直、纵向参与。对于游戏的价值，我们既要注重保持孩子的愉悦和兴趣，以激发其内在动力，又要追求较高的教育价值，以促进其全面发展。在此过程中，我们必须纠正当前只追求知识获取效果而忽视其他方面的急功近利倾向。为了提高游戏的针对性和效果，我们需要尽可能提升游戏工具与材料的针对性，避免在对儿童了解不充分的情况下随意提供材料或泛化游戏主题。同时，要注意避免材料过多导致儿童兴奋过度、分散注意力，从而影响其自主性的发挥。因此，我们需要根据儿童的具体需求和变化，提供合适的工具和材料，以深化游戏的内涵和意义。此外，我们还需关注到当前较多儿童更倾向于独自玩耍，导致与同伴交往的机会减少的问题。针对这一情况，教师应适时发起一些多人组合的群体自主游戏，鼓励儿童在游戏中积极互动、交流合作，以提高他们的交往合作能力。

如果孩子的自主性较强，则只需在某些时间节点上了解一下自主游戏的情况和进度即可；如果孩子的自主性不强，就需要更多关注和启发诱导，家长和教师需要把握好度，不能让孩子的依赖性滋长，影响其自主性的发挥。

（4）积极促进儿童自主游戏的策略

自主游戏的主题与过程均应由儿童基于他们的兴趣和意愿自主决定。然而，当前自主游戏的空间正在被逐步压缩，成人化或依循成人意志设计的游戏产业愈发盛行，导致正规化、机械化、模式化的游戏趋势迅猛发展。成人们费尽心思设计了许多变异的游戏课程和游戏教学，这在一定程度上对儿童在更大范围、更深层次上开展自主游戏构成了挑战，成为当前幼儿教育面临的一大难题。因此，我们需要重新审视和调整游戏在幼儿教育中的角色，确保儿童能够充分享受自主游戏的乐趣，并在其中实现全面发展。

教师改变教育观念、尊重儿童天性十分必要。儿童自主性是复杂的哲学概念，又是儿童成长中宝贵的品质，它包括自主性、主观能动性和创造性三个方面。要承认儿童身上具有创造力，儿童的世界要由儿童自己动手去创造。自主本身包括两个方面：一方面是主动性，以内在兴趣为核心，以探究精神、好奇心为主，做自己想做的事。从主动性可以预见孩子的创造性，要留给孩子做自己想做的游戏的时间、空间和内容。另一方面是自我控制能力，内涵就是遵守纪律、规则，做好别人让你做的事，做好社会让你做的事。自主游戏要使儿童对自己的行为负责，勇敢面对自身的不足，用好自己的决定权。教育者要充分发挥自主游戏的作用，培养儿童自主、自立、自动和自觉的精神，鼓励他们"自己的事自己做"，教师对儿童自主游戏应负的责任和应选取的策略是引导，而不是代替他们学习、思考和创造。

认识到自主游戏对发展儿童天性、解放幼儿的创造力所能发挥的重要作用后，要想真正解放幼儿的创造力，就必须让幼儿充分地自主游戏，不能简单地将有了一点自主性的游戏当成自主游戏，要采取具体的、有效的促进策略。主要的可行方式有：

一是玩具提示。根据儿童的兴趣供给他们一些玩具、材料（气球、小推车、小铲子、小水桶等），他们兴致起来就会开始玩游戏，装沙、挖水渠、提水，玩得不亦乐乎，完全不需要别人告诉他怎样玩，也不需要用成年人的标准教他怎么玩，可完全任其自主。

二是同伴启示。有一个孩子在玩自主游戏，旁边另一个孩子观察后就会受到启示，在玩中学。同伴启示事实上属于同伴间平行式参与游戏，带有一定的模仿性，但各自依然可以自主地游戏。适当的时候也可作为同伴游戏，交叉式参与，通过角色之间的互动，产生自主游戏的欲望、动机和灵感。

三是情境诱发。它创设一种自由、宽松的环境，诱发儿童发自内心的动脑动手玩游戏的欲望，将他们爱动、爱探索、爱想象、爱玩的天性释放出来，把游戏真正还给孩子。教师在创设情境的时候可以渗透教育意图，关键在于要能够诱发儿童情境互动的兴致，发现其中的问题并尝试着自己解决问题。

四是分享启发。在游戏结束时，教师可组织分享各自自主游戏的体验，引导儿童对游戏情况进行讨论，梳理游戏中零散的经验，分享成功的喜悦，为进一步深化完善自主游戏做好设计思路、材料、经验、能力等方面的准备。游戏后的分享讨论是对儿童已有经验与能力的提升，也是下一次游戏设计改进的依据。这样不仅可以丰富儿童游戏的内容，而且能促进儿童综合能力的发展，教师参与其中也可及时了解儿童游戏的真实状况。

五是发现激活。教师要善于发现和保护幼儿的好奇心和微小的创造行动，发现孩子不经意"耍小聪明"，其中就包含了他有别于常人的思维与活动方式，应当鼓励支持幼儿的创意，引导幼儿走向解决问题的新途径。教师应充分利用自然和实际生活中的机会，引导幼儿通过观察、比较、操作、实验等方法，自主游戏，学习发现问题、分析问题和解决问题，鼓励幼儿不断积累经验，并运用于新的游戏，养成受益终身的学习态度和能力。

幼儿的思维以具体的形象性思维为主，教师应注重引导幼儿，通过直接感知、亲身体验和实际操作进行科学学习，尽可能地让孩子们自己动手去拆装或制作自己的玩具，尽可能地多为幼儿选择一些能操作、多变化、多功能的玩具材料。当幼儿遇到障碍时，教师不要包办代替，而要支持他们自己玩，放手让孩子成为游戏的主人，让孩子在色彩斑斓的游戏世界中尽情发挥、表现。在保证安全的前提下，让孩子们在玩中发现问题，带着问题再想办法玩，既让他们解决问题之后玩得更开心，也培养他们独立解决问题的能力。

教师应在了解儿童已有经验的基础上，引导儿童共同参与游戏环境的创设，为儿童提供丰富的游戏环境及均等的游戏机会，让儿童按自己的意愿自由选择游戏，以自己的方式玩游戏，在与材料和伙伴的相互作用中共同分享游戏带来的快乐，学习彼此的经验，促进儿童主动性、独立性、创造性的发展。

4. "学习效果稳步下降"根子在哪儿？

美国彭博社发表文章，指出教育问题可能会成为中国经济发展的阻碍。对此，我以为，这种观点并非完全是无根据的偏见，而是基于一定的客观事实和担忧提出的。

2010年之前的中国劳动力市场主要是接受过义务教育的人，他们是中国经济高速发展的重要动力。这与该时间段中国经济主要依赖劳动密集型产业不无关系。相比之下，上过大学、从事研发工作的人还是少数，对经济的总体贡献份额较小。

如今，经过十多年的发展，我国接受高等教育的人口在经济发展中的贡献日益显著，这是不争的事实。然而，我们必须正视的是，高等教育在整体经济中所发挥的作用与其庞大的规模相比，仍存在一定的不相称性。这种不相称的状况是否会长期持续下去？甚至如彭博社所担忧的，教育问题最终会成为经济发展的阻碍？这是值得我们深思和警惕的问题。

从宏观层面来看，我国的高等教育长期存在过度现象，比如一个岗位本来招本科学历的就够了，但现在这个岗位招的是博士，等于是把博士生当本科生用。这种现象的存在，必然造成教育和经济发展之间的不平衡。

从微观层面来看，我们现在的教育花费了很多时间给学生传授知识，但却未能将他们创造创新的潜能充分激发出来。在中小学阶段，学生的时间被繁重的课业全部占满，这不仅影响到学生的自主学习能力以及其他天赋潜能的发挥，长此以往容易形成被动型人格。其外在特征是，老师和家长叫他干什么就干什么，如果不叫就没事干。

当这些学生走进大学校园以后，很多人以为船到码头，车到站了。本应该用来进一步汲取知识的宝贵时间，却被花在睡懒觉、上网打游戏上。因为他们从小就听父母反复唠叨，"好好学习，考上大学"，所以考上大学之后人生没有了目标。曾有北京大学的教师给副校长发公开信，抱怨学生学习效果稳步下降，也就不难理解其中的缘由了。由于中小学时期过于强调简单的灌输式学习，导致许多学生的主动性被消磨，这使得他们在20~40岁这一发挥创造性的最佳年龄段难以展现出优异的表现。目前，这种现象已经相当普遍，值得我们深入反思并改进教育方式。

探求真理、解决社会问题是推动一个人学习的强大持久动力。如果这两个动力伴随一个人始终，那他一定会有所成就。小学是一个人接触大自然最关键的阶段，中学则是一个人对社会问题最敏感的时间段。现在我国的学生在小学阶段接触不到自然，在中学阶段接触不到社会，他们所能做的就是在教室里学习。那么，他们在动力上就会有问题。这是我们需要忧虑的。

面对这些问题，一定要对教育的管理和评价进行变革。我认为，在中小学阶段，国家规定的课程学习最高只能占60%的时间，其他时间应该空出来，让每个学生发展自己的兴趣爱好。孔子说，"吾十有五而志于学，三十而立，四十而不惑，五十而知天命，六十而耳顺，七十而从心所欲，不逾矩"。如果十五六岁的孩子都被关在教室里做题，不能形成远大的志向，使得个人未来发展没有大的格局，那么社会和经济发展受到影响也就难以避免。同时要改革评价机制，通过更专业更综合的体系考评学生。

后续：

2020年，中共中央、国务院印发了《深化新时代教育评价改革总体方案》，明确提出：① 改革党委和政府教育工作评价，推进科学履行职责；② 改革学校评价，推进落实立德树人根本任务；③ 改革教师评价，推进践行教书育人使命；④ 改革学生评价，促进德智体美劳全面发展；⑤ 改革用人评价，共同营造教育发展良好环境。

2022年，随着"双减"政策落实，新课标颁布，"教学评"一体化评价机制稳步推进。改革教育评价体系，通过更专业更综合的体系考评学生。随之而来，学生学业负担减轻，自主活动时间增多，给予学生更多元、包容、自主的成长空间。

5. 不能让课堂成为学生发挥创造力的"宰场"

《规划纲要》的基本精神十分明确，其重点是实现教育公平，改革管理体制；其目标是办人民满意的教育，建设人力资源强国；其原则是以人为本、育人为本，注重受教育者的成长和发展需求。显然，科学发展就是要尊重教育的内在规律，注重质量，确立科学的质量观和发展观。

（1）教育原本不是商业机构的复制品

当前急需解决的教育现实问题就是严重失真、严重失爱、杰出人才难出、创新精神与实践能力缺失。教育不仅是灌输知识，更在于涵养个性，确立志向，产生信仰，怀抱理想，生成自由思想，培养独立精神，增强合作意识，追求真理做真人。同时，教育原本也在于提升个人涵养，启发自觉性，焕发创造力，养成合格公民，而不仅仅是地位、职业、文凭、学位、报酬、奖励的"兑换券"。另外，教育原本还在于人的成长发展，是社会追求公正、公平、平等、自由、民主的手段，而非直接的政治原则、政绩筹码、经济指标，更非商业机构或行政机构的复制品和附属品。

当然，实现每个人的充分发展十分重要。很明显，全民的梦想是公平，是每个人的个性与潜能都获得充分发展的教育服务；是幸福，是追求生活幸福之路上的教育支持；是尊严，是在教育过程中感受到尊严并提供与人心灵互育的教育环境。

中国教育的症结在于，原本应当属于每一位教育参与者的权力被层层剥夺并向上集中，导致学生难以成为真正的学习主体，教师难以成为教学的主导者。这种局面导致了教育缺乏多样性，千人一面，创新能力不足，难以培养出优秀人才。政府应当承担起维护每个人教育自主权的责任，避免"一刀切"的做法，鼓励全社会共同参与，构建自主多样、适度竞争、优势互补的良性教育生态。

要解决该问题，首要的是应将学习的自主权还给学生，将教学自主权还给教师，将办学自主权还给学校，只有这样，才能最充分调动全社会的力量关心和支持教育，才能有效、适当利用市场配置教育资源。而当前，"一对一"地下达升学指标的现象比较普遍，因升学率上升而重奖局长、重奖校长、重奖教师的现象，无形中加剧了升学竞争，加重了学生、教师和校长身心负担，养成师生被动人格，也导致学校的同质化、单一化倾向。

(2) 详细的教案对师生都是双刃剑

学校规模过大，也是教学质量难以提高的一个重要原因。目前，规模超4 000人的学校较为普遍，导致其质量、管理、安全问题比较突出。60%的学生在超额班级里学习，班级和学校规模过大，管理和教学均难以有效地提高质量，规模不经济的问题也普遍存在。

目前，教育的评价标准错误也容易引发质量陷阱。在基础教育阶段，用精英标准评价学校和学生，以考试分数和升学率作为判别学校优劣的标准，就永远不可能有高质量，也不可能有个性和公平。真正的高质量是使每个学生的天赋和个性能得到平等的充分发展，优势阶层的特殊利益是阻碍科学人才观实施的实际障碍。

更重要的是，我们不能让课堂成为发挥学生创造力的"宰场"。不少地方把教师的教案作为评价教师的重要依据之一，教师评职称或年终评奖时，教案是必备材料和依据。课堂教学的每一个细节都是教师预先设定好的，几乎不考虑学生在课堂上会有什么要求和表现。

可以这样说，详细的教案对师生都是双刃剑，实质上，整堂课都由教师来安排。教师越是安排得细致，学生在课堂上随机应变、积极主动参与的机会就越少，学生就越没有自己去思考、探索的余地。中国教师难以理解其他国家一般教师上课没有教案的事实，显示出中国教师的教学哲学。虽然我国有很多教学水平高超的教师，但能够真正引导学生实现深度学习，使学生真正"学得好"的教师却并不多见。

(3) 现代学校制度就是"以人为本"

每个人的充分发展，是以人为本原则下教育的最终目的。只有实现了这一目的，人力资源强国自然水到渠成，教育服务社会发展能力自然会提高。教育改革旨在满足人民群众日益增长的多样化的教育需求，从教育上实现人民更加幸福、更有尊严的愿望。

陶行知倡导"千教万教教人求真，千学万学学做真人"。要在探索中摸索改革的有效途径，必须以解放思想为新起点，改变师生不动脑子地都照一个模式行动，没有思想，缺乏自主自觉思想的现状。让教育充满思想，让思想滋润教育的每一个细节；让师生充分思想，让思想进入每一个师生自觉自主的学习过程；让每一所学校都实现在发展中自主建构，并不断积淀学校理念和哲学，让每所学校都能在师生自主的基础上形成共同愿景。唯有如此，学校以及中国的教育才能健康发展。

自然，建设以人为本的学校，而不是以学科为本、以考试为本、以分数为本的教育。围绕青少年成长的实际需要组织教学，从而改变教育与生活、学校与社会、理论与实践、书本与经验相脱离，"死读书，读死书，读书死"的弊端。追求以人为本的教育理想所要完成的，正是从"知识本位""学科中心"到"学生本位""生活中心"，将以人为本的理念通过制度建设加以保障。

现代学校制度的建立应遵循依法民主管理的大原则，确保授权与问责相结合，决策与执行相分离，从而赋予师生相应的责任与权力。在此基础上，需明晰学校与政府之间的法律关系，真正实现由教育家来办学。每所学校的发展最终应依赖于自身的特色与定位，《规划纲要》只是改革的起点，真正的变革需要每所学校在时代的洪流中找准自身的定位，以决定其未来的命运。唯有如此，每个人才能找到属于自己的教育之路，实现个性化的发展。

6.未成年人网络保护：技术为主，家长为辅

对于未成年人的成长而言，网络是把双刃剑，一方面，它对未成年人有强大的吸引力，能够成为功能强大的工具；另一方面，又可能造成严重的伤害，于是，保护就是必要的。

（1）数字环境下的未成年人网络保护

应当从整个社会层面分析未成年人网络保护存在的问题，关注未成年人正常成长过程中受到的干预，在此基础上再具体分析个案。

如果将整个社会比作人的身体：就像身体存在炎症会有脓包冒出，短视频也成为部分社会问题的出口。平台推出的未成年人网络保护模式

就像一把锁，不反对通过技术把锁做得更高端和复杂，但是仅仅靠一把锁无法根治问题。

未成年人沉迷短视频和直播的深层原因主要有两个方面。一是，当前未成年人面临着生活紧张、压力较大的情况，他们往往将寻找刺激作为放松和释放压力的方式，而短视频和直播平台的快节奏、碎片化内容正好满足了这一需求。二是，未成年人的好奇心旺盛，但自制力和辨别力尚未成熟，他们往往缺乏足够的安全防范意识，容易受到不良内容的诱惑和影响。同时，部分企业为追求更大的利益，也瞄准了未成年人这一群体，通过精心设计的内容和营销策略，吸引他们的注意力并诱导其消费。鉴于这些特征，分析青少年网络问题背后的心理原因显得尤为重要，有助于更好地预防和解决这一问题。

信息技术是把双刃剑，不能放任技术控制孩子的事态，而应该衡量利害、适度运用。

幼儿园安装监控摄像头的现象，从门口到教室内部，越来越多的摄像头对准孩子。在这一过程中，未成年人的个人隐私泄露、幼儿肖像权被商业机构利用等风险不可忽视。

在数字环境下保护未成年人，我们应遵循以下两条路径：首先，我们必须充分重视并维护未成年人的权利，绝不能忽视他们对快乐的需求，确保他们在数字化世界中也能享受到应有的权益和乐趣；其次，我们还应切实保护未成年人的安全和健康，积极探索技术设置和法律规则方面的解决方案，以维护未成年人的健康成长与数字技术运用之间的平衡，确保他们在享受数字技术带来的便利与乐趣的同时，也能得到充分的保护和引导。

（2）"啃小"背后折射儿童成长隐患

在短视频、直播平台刚兴起时，家长让孩子通过拍视频、做直播等方式，让孩子充分展示才能，让更多的人看到自己孩子的优点，这本无可厚非，但后续发生了一系列意想不到的变化。

当家长看到自己孩子的表演展示通过各种视频能够带来巨大流量后，

内心不自觉地会产生让孩子更出名、获更多利的功利心。这种带有功利目的的表演和输出对孩子产生的往往是一种负向的激励。

立法禁止让未成年人做主播不能"一刀切",最重要的是引导。应留有一定空间作为才能展示平台,在此基础上作出规范和限制,防止未成年主播过度商业化,严格限制不适合未成年人的内容流通进直播领域,同时对未成年人成长发展可能造成伤害的一些商业行为也要加以限制,要把握好度,为未成年人创设良好的网络环境。

7.叫停家长检查批改作业,为何总是难落实

这个问题反映在升学过程中,对学生的要求是更高的分数,随之而来的是更大的作业量。为此某些家长为了提高分数,主动督促自己孩子完成作业,学校认为这是一种提高学生学习成绩的方法,并慢慢地形成一种习惯,使家长参与的范围逐渐扩大,并产生了越来越多的问题。

微信只是学校和家长联系的信息工具,在孩子的作业问题上,不能把主体混淆了,不是家长需要作业,而是学生的学习需要作业。通过微信群把作业布置给家长,一是容易让学生产生一种误解,认为作业是学校布置给家长的,并不是自己的。要消除这种误解,让教师、家长、学生三方面关系走向正常化。二是每个家长的知识文化水平不一样,可能在小学三年级之前,家长还能够批改,但是三年级以后,大多数家长基本上就无能为力了,如果批错了,可能会误导孩子,这对于教育教学本身没有好处,所以从整体的教育效果来说,教育部"不得要求家长批改作业",可以让教育回归本位。

叫停家长批改作业,怎样才能落到实处?

还是要从教育评价方式上去改革,建立多元评价体系,每个孩子都按照自己的天性成长发展,而不是只依照单一的教育评价标准,这样才可能将家长、学校和学生解放出来。如果教育评价改革不到位,就很难彻底杜绝这种现象,因此不能仅仅就作业来解决作业问题,必须系统性地改革。

家长在教育孩子的过程中起着不可替代的作用，尤其是在行为习惯、个性品质培养方面，对孩子的成长至关重要。家长定时督促孩子完成作业，了解孩子作业的完成情况，在这个范围内是属于正常的，如果学校要求家长批改自己孩子的作业，这是超越范围的，也对孩子的成长发展不利。

8. 让孩子在手机外发现丰富多彩的世界

2021年，教育部办公厅印发了《关于加强中小学生手机管理工作的通知》（以下简称《通知》），要求中小学生原则上不得将个人手机带入校园。

在短短的几年时间里，信息技术飞速发展，对很多人来说，手机也越来越难离手。它的功能如此强大，覆盖了我们生活的绝大部分场景，不少成年人刷手机的时间也不断被拉长，甚至成为手机控。对于自主性正处于发展过程中的未成年人，对此更是难以自制，未成年人成长过程受制于手机的现象日益严重。也正是在此背景下，教育部依据实际对中小学生带手机说"不"，提出禁止将手机带进课堂，手机原则上不入校。

与世界上不少国家在电子产品出现之初就对学生使用加以限制不同，中国是在手机对未成年人成长的负面影响凸显时才不得不加以限制。就在发出手机"限制令"的当下，手机不仅是父母与孩子联络的工具，学校及教师也已将它作为学习工具，用来讲课、听课、布置和提交作业、开展一些活动。

可以说，不少人在一定程度上对手机产生了依赖，当然也对手机的利与弊有了更多切身体验。在这种情况下，如何让已经有手机使用经历的师生放下手机，是个带有逆过程性的难题。

要解决这个难题首先需要全面、完整地评估手机使用的利与弊，并达成广泛的共识。在当前有大量师生使用手机的情况下，我们只能秉持减少危害的原则，在尽量减少手机使用害处的原则下限制未成年人使用手机。教育部的《通知》是基于整体判定发出的，所以用了"原则上"

限制的表述。而对于具体的某个学生，手机的使用和管理还是要因人而异、因地制宜，很难形成一个统一的标准和方式，应该根据各个地方和每个人的实际情况，特别是具体学生的实际情况来确定如何去实施会更有效。

如何用手机才能更有效地实现趋利避害？现在大家看到的情况是，学生过度使用手机不仅影响学习，还损害视力，甚至可能接触到暴力、色情等不健康的信息。显然，对于大多数自控力不足的未成年人，做出限制是完全必要的；而对于学习目标明确，自我控制力足够强的学生而言，从教育角度看还是要给他们充分运用信息技术学习的便利。如何处理好这个关系，需要学校、教师、家长根据具体孩子的实际情况制定个性化的方案，并根据其发展变化情况及时进行适当调整，不能"一刀切"，不要相信一劳永逸、一成不变、普遍适用的解决方案。

解决中小学生过度使用手机的问题，关键还在于改进单调、刻板的教育教学方式，尽快确立多样的评价标准，丰富未成年学生的学习生活，给他们创造更多户外活动、亲近自然、接触社会的机会，让他们的好奇心有足够丰富多样的感知对象去满足，有更多的渠道亲自感知并获取多方面的信息，而不需要仅仅依赖手机才能获得外界信息。不要让手机成为未成年人仅剩的与丰富多彩的外部世界沟通的唯一窗口。

手机作为一种客观的存在是中性的，其利害在于人们如何使用它。对于任何一个个体，当其自主性确立之后就不会再沉迷于什么，包括手机在内的任何对象都只会是人实现目标的工具与材料。因此，在教育中，增强学生个体的自主性，让学生明了"役物而不为物所役"的道理，才能让学生学会怎样处理自己与手机的关系，走出手机控的"魔掌"，有效有度地使用手机，使它成为对自己成长发展更为便捷有利的工具。

9.家校社协同育人实施策略

家校社协同育人实践取得一定成效却未达到理想，在价值定位确定后采用什么策略实施就成为决定其成效的首要因素。在共同关心的问题解决上协同是整体策略的起点，通过各方平等协商达成共识是优选策略，在大范围难以形成共识时可选择分层、定向协同。家庭立法进程加快和建立家校社协同育人机制列入教育部门工作日程，为协同创造了良好条件，需要以平等尊重、相互协商为基础，立足于形成相对稳定的业态，不断发现、选定新的工作主题，提升专业性、可持续性。

《中华人民共和国国民经济和社会发展第十四个五年规划和2035年远景目标纲要》明确指出："健全学校、家庭、社会协同育人机制。"在此之前，十三届全国人大常委会第二十五次会议对《中华人民共和国家庭教育法（草案）》进行了审议，草案强调"家庭教育、学校教育、社会教育紧密结合，协调一致"的原则。如今，家校社协同育人已成为越来越多人的共识，并被纳入教育部2021年的工作要点。在确定家校社协同育人的价值定位后，接下来，如何制定和实施有效的策略将成为决定其育人成效的关键因素。

（1）家校社协同育人的实践状况

事实上，全国各地在实施《关于指导推进家庭教育的五年规划（2016—2020年）》（以下简称《规划》）的过程中，已开始探索家校社协同育人机制。但工作效果离预期仍有距离，表现为：

① 家长和社会在总体参与上不够充分。我曾到基层家庭教育指导站实地考察，发现家长参与的记录数量少、内容简单，妇联、教育部门、学校和指导站的材料和工作产品较多，家校社之间沟通不畅，显得剃头挑子一头热。

② 已有社会教育资源的针对性不强。在社区，现有儿童活动设施、场所和材料的使用率不高。一些儿童活动场所陈设的书籍资料没有阅读过的痕迹，内容与家庭教育和儿童需求不符，活动材料多数未有使用痕迹，显示育人工作的针对性、有效性不高，协同得不够。

③ 家庭教育工作和社会教育工作的专业性有待提高。当下，家校社协同育人三方人员的专业水平存在差距，社会教育缺位较多，家庭教育存在定位模糊、方法不当等情况也比较普遍，家长和相关当事人对家庭

教育资源的判别能力不够。在开展活动的主题选择上针对性不足，对家长或孩子急需解决的问题感知敏锐程度不高，开展活动的方式常规，对实效重视不够。如想更好地发挥家庭教育和社会教育的育人作用，就必须对它们的专业性提出更高要求。

④ 各地工作不均衡。在重视程度、组织、机构设置、工作效果等方面都显现不够均衡，甚至差距较大。

基于上述实际，完善家校社协同育人机制需要从以下方面着手：

一是积极推进家庭教育和社会教育形态升级转换。现有的家校社协同教育形态主要为讲座、亲子活动，以组织方为主，具有较强的组织方意图表达特征，目的性不够明确，存在泛化现象。家长在其中明显处于被动受教地位，主办方为主的痕迹过强就难以与家庭真正协同、平等、互动，需要进一步向以学生成长为本的方向转向，体现家长参与共同做主，社区、学校都需要提高对家庭教育的点对点的服务，提高活动效率，增强各方参与家庭教育的专业性、协同性。

二是进一步明确协同育人不同主体的责任与权力边界以及合作的有效方式。多主体协同，不仅需要提高服务体系内的各方到点率，还包括认知、信息、利益、问题聚焦等各方的沟通交流。在协同中，只有避免相互错位、越位、重叠、推诿，才能有效实现协同育人。这个机制对相对处于被动的家庭有吸引力，吸引更多的家庭参与到协同程序中来，才能扩大家庭教育服务活动的影响面。

三是政府在家校社协同教育人需要自我优化升级。家校社协同育人，落脚点在为党育人、为国育人，要实现立德树人的根本任务，必须重视工作效果而不仅仅是到场了。政府相关部门作为家校社协同育人的一方，对所开展的工作做好自我评价、分析、总结；或通过第三方专业评价，优化下一步开展的工作。现在各地开展的工作既有简单复制的部分，又有显得庞杂、泛化、对象与主题不够明确的内容，效果呈现不充足，程序有待规范，绩效有待提升。

（2）找到共同关心的问题并在解决问题上协同

在中国，家庭和社会对教育高度关注。但为什么在家校社协同活动中，家庭和社会的参与度又不高呢？原因可能是多方面的，但主要原因是家庭和社会认为相关部门开展的协同活动隔靴搔痒，针对性、有效性不强，选题不在他们的关注点上。

要想实现家校社协同育人，首先需要在"协同主题"上达成共识，即解决各方都想解决的问题，而不是单方面确定主题。那么，家校社三方都能达成共识的问题从哪儿来？它的范围可能包括教育法律法规、政府政策关注的问题、未成年人成长中存在的问题、学校自身无法解决的问题、家长关注的问题等。但并不是所有这些问题都能被三方认可为协同育人需要解决的问题，有些是家长认为学校就能解决的问题，或是学校认为家长就能解决的问题，或是政府部门想解决的问题而家长未必想参与。

从协同有效性和可持续性角度，协同要解决的问题当具备如下条件：该问题单靠某一方面无法得到彻底解决；该问题的严重程度确实引起了至少两个方面的注意，如当下学生的学业负担问题、身心健康问题、焦虑过度问题、手机管理问题等；各方感到自己对于解决这一问题有责任与义务；相关各方确认自己在解决问题上有能力，能够在某个环节发挥作用，产生效果。

符合上述条件的问题不是一成不变的，不仅会随客观条件变化，还会与各方当事人的认知直接相关。因此，共同关心的问题确定需要通过一定的程序才能形成共识，包括沟通、协商，甚至实地调查，对所要解决的问题要进一步加深认识，确定各方责任与权力边界。

由于不同主体对问题认识的深浅、先后、快慢各不相同，协同推进也很难同步。而一些政府部门或学校习惯整齐划一，往往欲速则不达。从策略上看，不妨采取分层协同与分类协同的方式，尽可能将对某一问题认识程度接近的人放在同一个协同圈，或将关注同一问题的人放进同一个协同圈。

（3）在平等尊重相互协商基础上建立协同育人机制

家校社协同育人机制没有标准的固定模式，它是能够将三方联系起来服务于育人，将立德树人贯穿于学校教育、家庭教育和社会教育等各个方面的常态合作体系。家庭教育、社会教育、学校教育在内容、方法、效果上各有特点，功能上各有优劣，三者应各扬所长、功能互补、协调统一，延伸学校教育的有效性，创造学校、家庭、社会教育的和谐统一，实现家校社共育，使学生能够快乐健康的成长，推动教育品质提升。

世界各教育发达国家几乎都开始重视三方协同机制的建立，由于学校比较早建立相对成熟的教育体系，所以多数国家的家校社协同育人机制是以学校为基础，增加家长、社会参与的方式建立起来的。一开始可能是共同开展活动、建议，逐渐形成方案、协议，继续发展成组织形态，再上升为政策、法案，逐渐制度化、法规化（吴重涵，张俊.制度化家乡合作的国际比较：政策、学校行动与研究支撑[J].中国教育学刊，2019（11）：31-38.）

《中华人民共和国家庭教育法（草案）》立法进程的加快和《征求意见稿》公开征求意见，教育部在2021年工作中将"强化家校社协同育人"列入日程，并明确其目标任务：发挥学校指导作用，明确家长主体责任，研究建立学校家庭社会协同育人体系。具体的工作措施有：制订家校社协同育人有关文件；发挥家长学校、家长委员会、家长会等组织的作用；有序推进《家庭教育指导手册》的宣传推广和应用工作；落实《家长家庭教育基本行为规范》；强化综合实践育人，积极开展研学实践、志愿服务等综合实践教育。

可以看出，目前推进家校社协同育人已经形成自上而下的强大动力。建立家校社协同育人的政策、法律基础正在逐渐成熟，但离有序、有效、完备的家校社协同育人机制的真正建立还有一段较长距离，在工作策略上需要注意：

首先是以恰当的方式利用政策与法律资源。政策法律在一定程度上具有强制性，但是对它的使用又必须明了其适用范围、情境，使用的方式、对象、力度也需要合情合法合理。家校社协同育人机制的建立和运行中，法律主要起合法性基础作用，特别是明确政府部门和公立学校在其中担负的责任，很多时候不能直接用于处理家校社协同建设的具体问题。在政策的导向、规范之下，依然需要当事人灵活应对、处理各种问题，体现教育智慧与艺术性。

其次是要以平等尊重相互协商为基础。在协同育人机制建设过程中，代表学校或政府的相关当事人必须与家长、社区工作人员、专业工作者平等相处，相互尊重，遇事协商。在当下，多数人平等协商的技巧与技能较低，意识也较薄弱。因此，三方协同育人机制中，最大难点之一是各方既要明确自己的身份职责，又要淡化各自的身份等级，平等尊重，相互协商，这也是能否真正建好三方协同育人机制的关键。政府部门和学校的相关当事人尤其需要慎重对待，精心筹划，精密施工，让家庭和社会积极参与是机制正常运行的前提。

最后是立足于形成相对稳定的业态。家校社协同育人真正有效的可持续的机制应该是一种业态。比如，家庭教育指导服务站能不能成为一种业态？家长是否愿意适当分担成本，自己掏钱，如像送孩子进各种校外补习机构那样到家庭教育指导服务站购买服务？互联网信息技术的发展使得家校社协同不再局限于一村一乡一校的范围，尤其是在教育资源提供者中，已经逐渐超越具体的实体学校和教育机构，这使得家校社协同育人业态很复杂。

从长远发展看，家校社协同育人不可能长期排拒市场，也不可能在没有业态的情况下实现可持续发展。作为整体教育新业态的组成部分，与家校社协同育人机制伴生的业态非常复杂，其深层涉及教育中的政府与市场关系，处理不当又会成为敏感点或死结，处理得当则家校社均可获其利。但现实中由于三方在其中的利不相同，也未必一致，成为难以协同的源头。所以在家校社协同育人机制建立之初就需要设计好、规范好、处理好各方面的关系，用其利避其害。

同时，需要不断提高三方协同育人机制的专业含量。必须明确并处理好家校社协同育人机制的行政性与专业性关系，形成密切有效的配合。

各地调查显示，很多地方把它设定为行政性较强的机制，普遍忽视其专业性，使其运行具有不确定性：有文件要求就开展工作，有热心的领导就开展工作，被动、依赖性较强。因此，不断提高三方协同育人的专业性成为长期需要。唯有提高专业性，才能持久增强协同育人的主动性、可持续性，才能拓展并准确定位工作内容与主题，才能对育人发挥更加独特、重要的作用，协同育人机制才有其存在价值。

（4）在协同基础上不断破解新难题

家校社协同育人是因为要解决从前不协同所不能解决的问题而产生的。如果在较长时期里，三方协同不能够不断发现新问题，没有准确及时抓住未成年人成长发展中的问题，并尽快有效解决新问题，而只是例行公事，协同最终必然只剩下形式而无内容，从而失去生机，还需要支付较高的成本，其存在的价值就大大降低了，还有可能成为需要解决的新问题。

所以在开展协同育人之初，既要看到协同有其优势，能够发挥更为强大的功能；又要破除"只要协同就会更好、就能解决各种问题"的主观想象。三方协同育人的生命力在于不断探索，不断调查，不断发现新问题，不断解决新问题。

正因如此，各学校、不同班级的家校社协同育人不能是千校一面，要有个性，有特色，根据其资源、条件、遇到的问题和各方主体的能力特征形成独特组合，发挥独特作用。如面对手机管理问题，不同班级可以依据本班实际进行管理，需要依据孩子的年龄和发展状况，与家庭一道培养孩子合理安排时间、适度使用电子设备的自控力。在课后衔接服务方面，事实上社区可以积极作为，根据当地的自然、文化资源和特色，联合一些区内机构开展接纳学生参加的课后活动，然而，大多数社区并不积极，以为那是学校与家庭的事。

从治理角度看，三方协同成员都有表达和参与决策的权利，这样的协同才会是常新的，才会有不断发现问题、解决问题的动力。比如，有些地方举行家长会，是教师与家长一对一；但在大多数学校，家长会是一位教师召集全班学生家长。表面看只是形式的差别，实际上包含对人的基本假定、对私密性的态度、对三方协同的方式选择和是否能发现真问题等一系列差别。

此前人们少用"家校社协同"的表述，但事实上，教育从来都是学校、家庭和社会各方协同合作的结果。之所以要明确提出家校社协同并持续推进，是希望将这方面的教育功能更加充分发挥，更好地协调、利用各方面资源提高育人效率，使家庭、学校、社会各方各司其职、共同面对新挑战。在家校社协同的各个领域、各种问题上都有广阔的新空间，在具体的地域和学校微观层面的个性化探索是无止境的。

10.家校社协同育人有良方

家校沟通的第一个前提就是老师和家长之间要平等相待，相互尊重、相互了解，然后在此基础上，根据对方的实际情况来确定怎样去沟通。

同时，家校之间要把各自在教育孩子职能上的责任和权力边界划分清晰。但因为不同学校、不同区域、不同年龄段的学生状况、学校状况、家庭状况存在差异，所以也难划出明确的边界。比较现实、也更为有效的办法，便是家长和教师有效协商，比如由家长委员会或者相应的组织与学校进行协商，然后各个学校根据自己的情况共同制定规则，包括双方各自的责任是什么、权力是什么、边界怎么划分。这种方式更可行，可以在更大范围内推广。学校的主要教育功能是知识教育，家庭的主要教育功能是教孩子如何为人处事。

实际上，家长微信群只是一个新的媒介、新的工具，主要起到在家长、教师之间相互沟通的纽带作用。家长微信群里的交流与社会中的交流是一样的，遵循的原则是相互平等。家长群是一个公开的社区、一个公共空间，大家使用公共场合的沟通原则来处理家长群内各项事务，才能更有效地解决这些问题。家长志愿者服务，一定要强调一个基本原则：确实是志愿者，而不是强制的，这个是最基本的原则。要强调这个基本原则，是指家长要做什么事，最好不要由教师出面，也不要由学校出面，而是由家长委员会来协商、来讨论。当然，家长委员会里面也要充分地发扬民主，不能少数人说了算，不能为了某一些人的意愿让大多数家长服从。民主是最基本的一个原则。家长之间也应该平等相待，相互尊重，这样才能更好地解决志愿活动中的问题。

处理好家庭和学校之间的关系，还需要整个社会支持，包括社区、社会舆论的支持。现在网上有两种舆论：一种是从家长角度去指责教师，另一种是从教师角度来责怪家长，这两种倾向都超越了该有的"度"，可能会产生不良影响。事实上，家校关系与整个社会的环境具有相关性。整个社会，包括教育行政管理部门、社区、媒体等，可能都要担负一定的责任，都要从如何去培养一个人的角度，各自承担一定的责任。从而形成各方面相互包容、相互合作、相互尊重的环境，更有利于促进家长和学校关系的改进。

11.暑假托管核心在于助力学生的健康成长，而非服务家长

临近暑假，一些地方发文要求学校开展暑期托管服务，引发相关当事方的关注与热议。为了准确界定假期托管服务，教育部办公厅2021年7月9日发布《关于支持探索开展暑期托管服务的通知》（以下简称《通知》），要求暑期托管服务主要面向确有需求的家庭和学生，并由家长和学生自愿选择参加，不得强制要求学生参加。

假期托管从满足部分家长急难愁盼的需求出发，解决低龄学生暑期"看护难"问题。但不能满足于此，而是需要以学生的健全成长为目标，以此为标准对托管服务进行规划、实施、选择和要求。

假期托管的对象是鲜活有个性并处在成长中的未成年人，不是一般的物件，前提当然是保障安全，但又不能止于保障安全。家长、托管方和管理方都必须明确，家长是托管服务的间接对象，为家长解难不是最终目标；学生是托管服务的直接对象，学生的健全成长才是最终目标，是比安全更高层次的需求和要求，不能本末倒置地为了家长而忽视孩子，为了安全而忽视、压制学生的健全成长。

从学制安排看，假期有其独特的功能，并非可有可无。两千年前《学记》即阐明"时教必有正业，退息必有居学""藏焉修焉，息焉游焉"的藏息相辅原理，暑期托管若演变为学生的第三学期就违背了这一基本原理，必然对学生成长造成伤害，将直接影响后续的学习品质，长远来讲会损伤学生的学习兴趣和自主性。所以，《通知》中的"坚持学生自愿参加"是非常重要的原则。尤其要防止一些地方将办了多少托管班，为多少家长和学生进行了托管服务作为政绩追求而使得托管变质变味。

以学生健全成长为目标，就必须了解当下学生的状况和健全成长所遇到的问题。学业负担过重、身体锻炼不足、户外活动太少、缺少亲近自然和了解社会的机会、信息获取渠道狭窄、自主性不足、被动性太强，这些都是当下学生中普遍存在的问题。所以，从健全成长的角度看，学生们太需要有个与学期大不相同的假期，休整一段，到自然和社会中快乐一番，学会自己安排自己的生活。

通常，4岁是儿童自主性快速成长的起点，小学和中学阶段是学生自主性成长的关键期，但由于大多数学生的时间、空间和活动内容都已经被家庭和学校排得满满的，使得不少学生自主性未能正常养成，反倒形成典型的被动型人格，老师和家长叫干啥就干啥，自己独处就不知道干啥，不能生成自己的生活与学习目标，这已成为影响中国学生正常成长的突出问题。

假期历来是未成年人成长的重要环节，也是培养他们自主性的宝贵时间，在这个与学期完全不同的时段里，我们应当用全新的方式来实现他们的成长目标。托管服务应当充分认识到这一成长机遇的重要性，尽量安排学生自主学习，自主管理，让他们以自己喜欢的方式获得更加有效的成长。具体而言，就是鼓励学生学自己喜欢学的知识，做自己喜欢做的活动，玩自己喜欢玩的游戏。同时，我们还要引导学生自己规划、设计活动方案，自己安排时间，自己制定规则，并自己督促自己实施。让他们自主选择角色，依据实施状况调整、完善方案，并进行自我评估。这样，他们就能更好地发现自己的优势潜能，找准自己在解决社会问题中的位置，为成为更好的自己奠定坚实的基础，找到前进的路径。

各地教育管理部门在积极探索开展暑期托管服务的同时，需要严格将假期活动与学期的教学区分开来，严密筑牢"不得组织集体补课、讲授新课"这道防线，不得暗中将假期托管变成复习班、补习班，尤其要防止各校之间暗中攀比而造成恶性后果。

简言之，假期是教师和学生的法定休息期，《通知》强调了不得强制教师，不得强制学生的基本原则。在确保安全的前提下，把假期还给孩子，孩子想干什么就由他自己做主吧。

12. 教育应以人为本，批评教育不能突破尊重的底线

2020年11月，一个有关5名中学生当着几千名师生的面将自己的手机丢进水桶里销毁的视频引发热议。事后，校方回应称，学生销毁手机系自愿，家长也支持。其实，这类事件并不是第一次发生，从事后不少网友和家长表示"支持"的社会观感来看，类似事件仍将继续出现。也正因此，有必要强调指出，这种做法本身是反教育而非教育。

对于视频中这种简单粗暴的做法，一些校长、教师和家长都认可，其中一个重要理由就是"有效"。然而，他们对于有效的认识是存在问题的。当众销毁手机这种做法可能对解决眼下学生偷偷玩手机的问题有效，可能对迫使学生专注学业、提高成绩有效，可能对扭转孩子对家长和老师要求不服从的状况有效，但是，这种做法对培养一个健全的人不会有效，在另外一些似乎看不见却又更为深层的方面也会无效，甚至对学生以后的健康生活将产生无法弥补的伤害。

就这则视频中的事件而言，人们看到的只是5名学生的5部手机被销毁，但对于被要求目睹整个过程的几千名学生来说，他们受到的却是"尊严不重要"的教育，传递出的是"人的尊严可以被如此无视"的错误导向。更严重的是，这种处理方式可能会使在场的学生们在面对他人尊严受损的情况时，选择冷漠和无视。这种态度一旦形成，不仅会对他们的情感、态度和价值观产生负面影响，更可能阻碍他们追求有尊严、体面的生活。从长远来看，这种错误的观念还可能影响学生们创造和享受

健康生活的能力，甚至可能引发一些社会问题。

　　学生违规，自然需要接受相应的惩罚，但这种批评教育不能突破尊重底线，而且销毁学生手机涉嫌侵犯他人财产。以涉嫌违法的手段解决学生违反校规的问题，轻重颠倒，也无怪乎有人忧虑其会对学生造成错误示范。任何育人手段，首先都要遵循育人的逻辑，选择限制学生使用手机的手段时也应尽可能对育人有益无害。如果教育后涉事学生已经认错，似无必要再演一场"当众销毁手机秀"；如果教育后学生自律问题仍未解决，当众销毁手机就属于被迫所为，不仅几乎没有教育价值，反而具有较高风险。

　　相关调查表明，当下难以根治的校园欺凌，其主要根源之一来自成人社会的暴力倾向和行为对未成年人的影响，"一伸拳头就有效"的方式使得一部分未成年人从欺凌别人中获得愉悦感、成就感、威严感，同时也染上长时间难以消除的不利于健康成长的"病毒"。这种不健康的心理，一旦遇到适当的机会和条件，就会演变为欺凌行为，造成悲剧性后果。

　　简言之，当众销毁手机无论其方式和过程经过怎样的"精心设计"，暴露出来的依然是教育上的急功近利、简单粗暴，表面看短期有效、局部有效，实则长远有害、整体有害，在"工具"意义上是有效的，而在"育人"目标的实现上带来的更多是伤害。

　　教育智慧，再怎么频繁提及都不应嫌多。教育是艺术，应是优雅的，应遵从人性、以人教人。教育的更高目标是立德树人，只有以养成健全人格的方式开展和进行，才算是更好履行了教育人的职责。

13. 落实"双减"政策，自主性能促高效

　　"双减"以从上到下逐级发文的方式启动，类似的文件在中国的中小学每年会收到上千份，整体上是对一线教育当事人自主性的抑制。而学生真实的减负必然来自提质增效，必然需要教师自主性提升，恰当处理这一矛盾才能最终实现"双减"目标。

（1）更高的自主才有更高的效能

"双减"的着眼点是全面贯彻党的教育方针，落实立德树人的根本任务，根本问题不是校外培训机构绑架了学校、学生和家长，也不是因为培训机构存在问题需要被规范，而是因为它们在客观上建立了另外一个体系，导致我们正常的、正规的学校教学活动无法有序进行。从这个角度来说，"双减"本身是场阵地战。强化学校教育主阵地作用，这才是问题的关键。

学校必须清晰地界定"学足学好"的边界。《关于进一步减轻义务教育阶段学生作业负担和校外培训负担的意见》（以下简称《"双减"意见》）明确提出了提升学校教学质量的目标，并将提高学校教学质量与规范校外培训作为同等重要的两个方面进行强调。这一改变相较于2018年单纯规范校外培训机构的政策文件，显得更为全面和完整。这表明国家在制定政策时能够更为深入地考虑问题，综合考虑教育领域的多个方面，以期达到更好的教育效果。

《"双减"意见》明确提出要让学生的学习回归校园主阵地，而且用了"应教尽教""学足学好"两个关键词。"应教尽教"是相对于课程标准而言的。"学足学好"并没有一个固定的标准，而是应该根据学生的成长发展需要，兼顾不同学生的个性、潜能和成长状态。什么才是"学足学好"？这个目标很难考核。因此，现阶段如何减轻学生的学业负担，这才是"双减"的关键。

减轻学生学业负担的背后又涉及不同的主体，政府、家长、学校、学生本人，大家对这个问题的看法和要求都不一样。《"双减"意见》里提到的"我们存在一些短视化问题、功利化问题"是什么原因造成的？这与我们的教育评价和管理直接相关，所以要实现"双减"目标，就会涉及教育管理、教育评价、教育实践等多个方面。

"双减"政策的实施可能会面临一个挑战，即作业量虽然减少，但学生的负担并未真正减轻。这是因为，如果高考仍然维持相同的标准要求，即使学习内容有所减少，学生们仍会感受到沉重的学业压力。与此同时，只要家长和孩子对提升分数的强烈需求仍然存在，治理校外培训机构只能达到暂时消除一些头部企业的效果，而培训机构仍然会如同韭菜一般，割除一茬后又迅速长出新的一茬。此外，如果学校的课后服务无法满足学生多样化的需求，无法激发学生积极参与的兴趣，那么校外培训的需求仍会持续存在。因此，课后服务的关键在于必须紧密结合学生成长发展的具体需求来进行设计和安排，确保能够真正吸引学生，减轻他们的负担，同时促进他们的全面发展。

（2）防止"双减"措施产生的漂移

培训机构和学生的成长发展不是必然相关的问题。死盯着培训机构治理，治标不治本，我们更应该盯着孩子是不是健康成长了，这是两个不同的目标。

当没有培训机构竞争时，学校回归育人"主阵地"后，真正提高教育教学质量会成为一个难题。有的学校会认为，没有竞争就可以歇一歇了，这种"停一停""歇一歇"的想法对提高教育教学质量没有益处，也没有从根本上解决短视化、功利化的问题。

如果培训机构被完全取缔，而优质、高效的教育供给出现短缺，同时政府财力又有限，那么家长和社会的焦虑情绪不仅不会得到缓解，反而会进一步地加深和增强。这是因为，培训机构在一定程度上提供了额外的学习资源和渠道，当这些资源消失时，家长和学生们可能会感到更加迷茫和无助。

在落实"双减"政策的过程中，我们不能简单依赖降低考试难度来实现目标。考试难度系数的设定应当基于专业评估和教育规律，而不是由行政决策单方面决定。我们需要明确行政要求和专业要求之间的责任与权利边界，确保两者能够相互协调、互为补充。只有这样，我们才能有效地解决问题，避免出现新的矛盾和困境。

未来"1+N"模式的政策制定，有可能导致"双减"漂移。"1"是指已经确定的政策举措；"N"是指落实过程中需要对一些概念进行科学界定，对一些工作要求进行细化。这个"N"可能越界、漂移，错将工具和手段当作目的追求。在政策执行层面，多部门治理可以形成合力，克服教育部门执法难题，但很难做到专业、精准，难以共同走到最终目的地，存在较大风险。

（3）没有自主性就没有高效能

由于"双减"增加了对学校的行政指令，减负也会使得学校和教师的自主性大大降低，从属性增强，依从度提高。外在约束增加，致使学校积极性与效能下滑。

在减负的过程中，师生一旦被动地落实政策，学校再缺乏一定的自主性，就会让负担变得越来越重，效能也不会提升。自主选择的负担往往不会使人感到压力，减负需要同时减轻师生的负担，而不只是减轻学生的负担。

延时服务并非仅仅是简单地增加服务时间，它同时涉及教育内容的扩展和深化。如果仅仅延长了服务时间而没有相应的教育内容调整，学校可能会面临一系列问题，如安全责任加重、师资短缺、师生疲劳加剧以及心理问题发生率上升等，这些问题都可能影响学校的可持续发展。

因此，学校应当从自身实际出发，结合学生的年龄特征、个人需求以及家长的期望，在有效的领域内实施"双减"政策，避免一刀切的做法。在实施过程中，学校需要获得更高的自主权，以此提升教育效能；而高效能又有助于学校获得更大的自主空间，进而实现实质性的减负目标。被动应对只会使学校的效能逐渐降低，最终导致学校间的进一步两极分化。

14.落实"双减"政策，要靠学校实现提质增效

师生之间教学环节的效能状态是决定着整个教育体系效能状态的基础，低效能的学校运行是高负担的另一面，也是校外培训疯狂增长的机会。落实"双减"政策，关键在于从基层着手提质增效。

（1）主阵地为何失守？

2021年5月21日，中央全面深化改革委员会第十九次会议审议通过

了《关于进一步减轻义务教育阶段学生作业负担和校外培训负担的意见》,并强调义务教育在国民教育体系中占据举足轻重的地位。我们必须全面贯彻落实党的教育方针,坚持以立德树人为核心任务,充分发挥学校教书育人的主体功能,同时强化线上线下校外培训机构的规范管理。《意见》更加明确地指出:"减轻学生负担,根本之策在于全面提高学校教学质量,做到应教尽教,强化学校教育的主阵地作用。要深化教育教学改革,提升课堂教学质量,优化教学方式,全面压减作业总量,降低考试压力。要鼓励支持学校开展各种课后育人活动,满足学生的多样化需求。"

校外培训机构存在与发展的根基有两个:一是教育评价权力过度集中,评价标准过度单一,以总分模式招生录取,评价太过于看重分数,按照分数来决定这个孩子应该进什么学校,最终决定孩子进入什么工作岗位。二是学校之间不均衡,差距过大,教学质量参差不齐,很多的学校质量不高、效能不高。培训机构的定位与手段决定着它们在提高考分上比体制内学校更高效。如果这两个方面的问题没有得到有效的解决,那么提高分数的需求就依然存在,培训的需要就依然存在,"双减"必须从教育评价和学校均衡发展两个方面突破,使评价标准过于单一、评价权力过于集中走向多元的、多主体参与的评价和招生。学校均衡发展是实现"就近入学"成为人们择校主要考量因素的关键所在。如果这两个方面没有取得实质性的突破,学生的负担就很难真正得到持续减轻。因此,我们必须将治标与治本相结合,尤其要注重治本之策,这样才能从根本上解决过度培训的问题,实现教育领域的长期健康发展。

学校在教育领域的核心地位受到挑战,客观上看,这在一定程度上是效能竞争的结果。2020年,培训机构数量高达40多万所,相比之下,全国义务教育阶段学校的数量仅为21.08万所。部分培训机构在全国范围内设有众多网点,其覆盖范围甚至超过了学校。这些培训机构拥有职员1 000多万人,其中大部分是30岁左右的青年人,他们充满活力与竞争力。而同时期义务教育阶段的中小学专任教师数量虽也达到了1029.49万人,但他们的年龄分布更为广泛,从20岁到60岁不等。学校的教学内容相对全面,注重学生的综合素质发展;而培训机构则往往将焦点集中在提高考试分数上，以满足部分家长和学生短期内提升成绩的需求。然而，学校的教学质量与效能参差不齐，尤其是大量位于农村地区的薄弱学校，其教育效能往往低于培训机构。这使得这些学校在面对家长迫切的提分需求时，难以守住自己的教育主阵地。更为严重的是，经过一段时间的市场竞争后，部分培训机构甚至形成了自己的教育体系，干扰甚至"绑架"了学校应有的育人主体功能的发挥。

对校外培训机构采取简单的"外科手术"式治理，只能算是一种治标之策。只要学生和家长对提升分数的需求持续存在，培训机构就会以不同的形式和方式继续存在，因此无法从根本上消除其影响。如果对培训机构的治理方式使用不当，还可能对学校产生误导，影响其正常的教学秩序和育人功能。

减少培训需求才是对培训机构最有效的治理，实现这一目标就需要提高公立学校教育质量和效能，改进教育评价，增强专业性，标准多样，推进不同学校间教育均衡。推进社会的法治，减少通过培训抄近道的方式实现阶层转换。

(2)"双减"对学校结构功能的作用

《意见》作为中央层面出台的重要政策文件，不仅充分体现了中央对教育治理的深远意图，还进一步稳固了学校在教育体系中的核心地位。同时，《意见》也对学校提出了明确要求，即全面提升教学质量，确保教学内容得到充分传授，并对减少学生作业量、开展多样化的课后服务等方面作出了具体部署。然而，这些要求对于学校而言并非完全出于自愿，而是在政策指导下的必然选择。面对每年数以千计的政策文件，学校需要在众多任务和要求中寻找平衡，并努力将其转化为实际行动。这不仅对学校的教学和管理水平提出了更高要求，还可能引发学校结构功能的深刻变革。

首先，学校自主性的变化。外部行政指令增加、变强，普通学校自主性下降，从属性增强，依从度提高，外在约束增加。于是出现一对矛盾，一个个体和组织只有当他自主时负担才能减轻，减负需要同时减轻师生的负担，而不只是减轻学生负担。与升学压力一样，政策文件过多也是学校的负担。当学校无力减轻教师的负担时，最终也就不能减轻学生的负担。

其次，学校功能的变化。功能变化表现为：一是决策与执行功能的变化。学校不同于行政机构，它的主要功能不是执行，而是根据教师了解的学生的实际情况进行决策，执行决策，过度的行政指令使得学校功能难以决策，偏向执行，减少了学校和教师依据实际情况自主思考、决策、执行，这种变化降低了学校通过自身努力减轻学生负担的可能性空间。二是学校功能阈限变宽。在学校的发展历程中，作为一个有限责任主体，会在有优势的专业领域充分发挥优势，依据课标进行专业知识教学是学校的专长，而《意见》不只要求学校完成课程标准规定的内容教学，还要求拓展延时服务等大多数学校不专长、资源不足的领域，这样做恰恰与提效增质的目标难以同时实现。三是学校自主性功能下降，工具性功能增强。四是学校普遍性功能被强化，特殊性功能受到弱化，在一定程度上驱使千校一面，影响各校办出自身特色。五是强化了功能普通化，可能在一定程度上影响其专业性。

最后，延时服务将给学校带来巨大挑战。延时服务不单是时间加长，还涉及内容增加、安全责任加大、师资不足、师生疲劳增强、心理问题发生率增高、倦怠感增强、效率下滑、是否能够可持续等一系列问题。

因此，实施延时服务的基本原则是根据学生和家长的需求，及孩子的年龄段特征。如果孩子的年龄很小，比如说三年级以下确实需要孩子放学的时间和家长的下班时间衔接；如果孩子的年龄稍大能够独立自主地去户外活动，就没有必要在学校无活动内容的情况下要求孩子留在学校。要根据孩子学习活动的需要，学校延时服务中的某项活动适合某个孩子，能满足他的需求，他就可以参与，而对另一些没有适合项目的孩子，没有必要一定要把孩子放在校园里参加延时服务。所以对于年龄较大的学生，是不是需要进行延时服务，一定要根据学校的实际条件和学生实际需要决定，不能够"一刀切"。

另外一个值得关注的问题是延时后的效能状况。原本学生与教师在校的时间通常是早上7点到下午3点30分,这个时长与国际上的平均在校时间相比算是比较适中的。然而,如果将放学时间延迟到6点,那么学生在校时间将会长达11~12个小时,而教师的在校时间甚至会更长。这样的总时长如果过长,就可能会引发一个新的问题——效能降低。如果延长在校时间,教师将更疲劳,本身应该完成的教学任务及效果就会更差。在这种情况下就要考虑是不是要延时。

学校的相关负责人需要清醒地认识到,《意见》及相关政策对学校功能所带来的深刻变革。学校应当回归教育本质,遵循教育规律,以提质增效为核心,从根本上满足学生多样化的教育需求。要确保学生在校内能够真正学会、学足、学好,这才是吸引学生、留住学生的根本所在,也是发挥学校作为教育主渠道、主阵地作用的关键。而要增强这种吸引力,关键在于义务教育阶段学校教育能否实现优质均衡的发展,教学质量和效能能否得到显著提升。

(3) 拓展学校的自主权,实现提质增效的目标

学校作为一个专业组织,为了保障学生的学习过程既轻松又高效,必须明确学生作为学习主体的地位。而学生能够真正成为学习的主人,其前提条件在于教师拥有充足的教学自主权,同时学校也应享有充分的教育自主权。

因此,学校似乎陷入了一种矛盾的境地。要实现提质增效以减轻学生负担,就必须拥有足够的教学自主权;然而,过度服从外部指令则会削弱这种自主权,从而导致无法真正实现提质增效,也无法达成减轻学生负担的目标。在任何组织中,包括学校在内,都存在着一种双重循环的逻辑:更高的自主权是获取更高效能的前提,而高效能又反过来为组织赢得更大的自主权。

在现实中,由于"双减"政策的外部压力,学校实际上出现了分化的现象。由于效能低下,越来越多的学校变得愈发缺乏自主权;而那些因为高效能而获得比其他学校更多自主权的学校,只是相对少数。这种分化在微观层面使得提质增效变得难以实施,在宏观层面也阻碍了《意

见》所设定的政策目标的全面实现。为了避免和减少这种分化现象，关键在于教育管理部门在提出要求、进行严格考核的同时，还需给予学校充足的自主权。

学校有了充足的自主权，就需要增强两方面的认识：一是未来教育发展趋势，学生需求多样化，选择性逐渐增加，对增值和成长的需求逐渐增多；同时教育主体多样化，办学主体多样化，靠单一的主体很难满足多样的需求。二是教育的基本规律。学生吃好、玩好、休息好、锻炼好，才能学习好；教师生活无忧才能教学好。社团是人获得充分成长的土壤，所有学生都应获得成长，获得归属感，而不只是考得好的学生。

学校有了自主权就要充分利用它进行自身的改进，通过内部改进获得更高效能，实现提质增效。因为自主越高越轻松，要将学校办学自主权分解为学生学习的自主权、教师教学的自主权。总分模式短期难以改变，非考分成长发展需求会缓慢增长，要在小学段给足学生亲近自然的活动机会，在中学段创造学生参与社会活动的足够条件，尊重学生个体的差异性和多样性，以灵活多样的教育方式服务学生学习，在促进学生个性发展的基础上，实现学校的特色发展。

学校有了充足的自主权就要走出教育思想、观念、内容、方式方法的狭窄胡同，以学生真实成长发展需求作为学校教育教学方案设计的第一依据。

具体而言，学校教育如何提质增效，保证学生学会、学足、学好，需要把握好以下环节。

完善学校内的绩效评价。提质增效首先要关注质量评估，教育管理部门对学校所进行的活动、策略或干预措施，都应在一定程度上遵循已被研究证实能有效促进学生发展的证据。关注学生在营养与健康、学业成绩、毕业率与辍学率、犯罪与问题行为、社会情感学习技能、教育公平等方面发生的改变；对学校进行全面考评，决定是否继续提供财政资助或进行重大调整。"双减"要求减少考试，教师只有了解学生才能因材施教，要区分考试和测验，除了考试，教师还可以通过交谈、练习或活动了解学生的学习情况。家长在教育教学方面不是一个专业的人员，不一定要了解自己的孩子在某一个方面到底怎么样，但是教师必须要了解。家长可以与教师或班主任保持必要的联系，但没有必要知道孩子学习的每一个细节，与家长相关的细节，教师应主动地与家长进行沟通，但没有必要把每一件大事小事都跟家长说。

完善校内学生成长服务体系。每校都需要有自己独特的内容、方式、方法、标准，积累有自己知识产权的教学内容与方法体系。向服务学习转型，逐渐淡化分数比拼。将学习诊断、针对性服务、学生志向生成、生涯规划等学生成长发展中的突出问题解决好。禁止按成绩分班，教师要学会分层教学，不能总是拿一个课本按照同样的标准给每一个学生讲。分层教学在同样一个班级是可以实现的，老师讲同一个内容，也可要求不同孩子达到不同的目标和标准，然后根据孩子的实际情况，有针对性地对他进行个别辅导。

严密校内教育责任链。责任链没有很好地建立起来是导致很多学校教育教学质量与效能低的重要原因。责任链涉及师资、课程体系、管理体系、教学理念，具体到明确一个学生进了学校，他的成长发展谁来负责，在大班额、大规模学校里，这一问题更为突出、严重。

帮助学生养成自主性。学生是鲜活有个性并处在成长中的未成年人，学校应该保障其安全，但又不能止于保障安全，学生的健全成长才是最终目标，是比安全更高层次的需求和要求，不能本末倒置地为了安全而忽视、压制学生的健全成长。以安全名义限制学生自主的现象还比较普遍。孩子不是物品，他原本就有自主学习的需求，有好奇心，有好动的特征，一定要根据孩子的这些特征，让他们有一个自主的活动空间。所以学校的延时服务与托管就要保障这段时间是有利于学生健康成长的，未必是看书、上课，未必是按照课程标准的要求让学生学习，学生可以做他喜欢做的，学他喜欢学的，做他自己的安排和规划。但实际上，大多数学生的时间和空间都被学校和家长安排了，学习内容也被安排了，在这种情况下，假期和延时服务期间最重要的是帮助学生养成自主性。一定要定期换环境、换人、换方式，让孩子自己感到玩得很开心。

"双减"为中国中小学生带来的应该是解放，有助于更好地满足学生个性化发展需求，促进学生全面健康成长。学校要认真部署好工作，要认识到教育就是按学生多样的成长发展需求来安排好教学，确立以人为本、科学育人的基本理念，真正把学生的全面发展放在重要位置，而不能仅仅盯着分数。

引导家长转变观念，把时间与空间还给孩子。孩子能否自主在很大程度上取决于家长，"双减"在某种程度上来说让家长获得了更多主动权，可如何行使这些主动权是一个突出的问题，他们关注得最多的就是学生的学业成绩。但实际上，这一代人应该有自己独特的社会生活和追求，对科技、自然的探索，对文化的了解等方面有海量的空间。学校和家长却没有把年轻人的关注吸引到这些方面来，这是值得反思的。

由于引导孩子自主方面做得不足，所以有很多孩子沉迷于游戏；由于把孩子的时间都排得很紧，空间也挤压得很紧，内容也提前安排好了，他的自主性没有生成，就不能够自主地去探索，于是就把精力用在不需要自主性的网络游戏，用在成年人觉得应该禁止的一些领域，这才是更重要的问题。应该思考这个问题，要找出解决的方案，单纯地限制、禁止网络游戏时间是一个消极的方法，引导他们找到其生活的意义才是积极的办法。

孩子在幼儿的时候就应该给他充足的自主时间和空间，但为了提高考试的分数，一些小学、初中学校与家长联手，不顾一切地把孩子的时间和空间全都排满了。有的学校甚至认为学生自主好像就是干扰了正常的教育教学。这种观念没有改变，依然会采取限制孩子而不是引导孩子的办法。这种观念基本的逻辑是反逻辑的。给青少年适当的时间和空间，自主去游戏，去做自己喜欢的事情，学生就会逐渐地开始探索，从刚开始一个小小的探索，到后面发现自己的空间越来越大，能做的事情越来越多，他的能力也在不断地提高，这个时候就可能生成当下社会所需要的发明、创造。当下学生的实践能力与创造能力不足，而实践能力和创造能力并不是靠"培训"形成的，只有靠他自己去做，在探索过程中才能成长起来。

"内卷"的原因实际上是思想的单一、教育观念的单一、教育方式和教育手段的单一、评价标准的单一，这样才导致了学生的"内卷"。只要思想是丰富的，实践空间是丰富的，教育手段和方式是丰富的，不要处处给孩子设围墙，那么孩子天性当中自然探索的欲望或能力就能够更好地成长和发展。目前突出的问题是成年人的思想以及过去延续下来的教育方式过于陈旧，现在我们在评价学生的时候，往往以标准答案作为依据，致使很多学生形成了一种标准答案式的思维，在没有标准答案的时候会感到不自在、不知所措，这就是问题。一个不断探索真理的人肯定在意的不是标准答案，而是怎么找到新真理的原本状态，并且永远没有终点。有这种意识的青年才会有疑惑、有思考、有精神动力、有方向。用一个比喻来讲，唐僧本来是要去西天取经的，路上遇到妖怪陷入一个泥潭，这个时候，如果他在这个泥潭里转不出来，那就误了他的前程，误了他真正的目标。现在我们很多学生沉迷于网络游戏、短视频、手机游戏，就是由于在他们的人生成长过程中自主性、多元性思路没有打开，学生没办法找到自己真正的人生目标，更谈不上自主去实现自己的人生目标。

对于"双减"政策带来的变化，学校可以给学生家长提供一些建议："双减"政策实施以后，作为家长首先要理性，看到自己孩子的"当下"与"长远"。所谓"当下"就是学生当下的表现；所谓"长远"就是其意志、毅力、志向的生成，以及作为一个完整的人应该具备的一些基本能力，不要盲目地跟风，不要盲目地比拼当下，而是应该看到他在十年、二十年甚至更长时间的发展可能性。

15."双减"背景下，教师如何提质增效

"双减"政策，即中共中央办公厅、国务院办公厅发布的《关于进一步减轻义务教育阶段学生作业负担和校外培训负担的意见》，为教师工作创造了一个全新的政策环境，并引领教师进入了一种全新的教育生态。然而，有些教师却感受到，虽然学生的负担有所减轻，但自己的工作负担却反而加重了。媒体在全国人民代表大会和中国人民政治协商会议前

的社会调查显示，"教师减负"已成为公众极为关注的话题之一。通过实地调查我们发现，自"双减"政策实施以来，义务教育阶段的一线教师在校工作时间普遍延长了1~2个小时，这使得教师的工作量显著增加。特别是随着延时服务的推出，由于不同家庭接送孩子的时间有所差异，教师需要更早到校并延迟下班，这种"早七晚六"的工作模式已逐渐成为常态。教师在校的总时间过长，加上往返交通的时间，他们每天的在校时间达到了12~13个小时，这严重影响了他们的正常休息、备课以及业务进修，使得工作负担超出了他们可承受的范围。

上述情况表明，仅仅靠教师多付出的"双减"方式不可持续，长久之计在于通过提质增效实现"双减"目标，这也是改善教师职业体验的关键。

（1）透彻理解提质增效与减负之间的关系

减负与提高效能之间的关系其实并不复杂，提高效能才能切实有效、可持续地减负，提高效能是减负的程序源头和实现路径，也是逻辑上的前提条件。但在反复强调和突出减负的背景下，更多地关注聚焦到减负以及以各种形式减负的措施上，提质与增效常常被淡化、忽视。

从逻辑上分析，在教育教学目标、标准和任务已定的情况下，只有教师工作效能提升、学校的教育质量提高、学校间均衡程度增高、学生学习更加积极主动，才有可能减轻学生的学业负担，同时也减轻教师的教学负担。

由于一些地方在执行政策时存在"一刀切"的现象，对学校和教师管理的刚性要求增加，"双减"意见提到的教师弹性上下班制未能落实，相应的激励没有到位，使得学校与教师的自主性降低。教师需要承担学科教学以外自己又不熟悉的课后服务，客观上，让一些教师做了更多低效或无效付出，完成相同的教学任务却花了比以前更长的时间，按单位时间计算，学校和教师的工作效率出现了下降的趋势。

包括教师、学校管理者在内的众多教育当事人常常对提质增效与减负的关系存在表面化甚至错误的理解，其中包括：单纯提减负，不问以什么方式实现减负，罔顾进入低效的歧途；单纯从时间投入考虑，强调考核教师延长在校时间和与学生在一起的时间，不注重考察做了什么、怎么做，以及实际的教学效果；以减负为前提进行提质增效，这种观念获得更多的人认可，似乎也符合政策要求。但是，符合逻辑且更有效的方式显然是以提质增效实现减负，其效果是水到渠成。只有提质增效，才是减负优选的方式。

"双减"的重点和目的在于减轻学生课业负担。由于和教学直接关联，师生融为一体，通过增加教师负担的方式减轻学生负担，在三五个月的短时间内可能有效，但不可持续，最终可能由于师生双方都过度疲劳而使得教学效能下降，影响减负效果。常态下可持续实现"双减"目标的前提是真正提高教育效能，在减轻教师负担和确保教学质量不下滑的前提下，提高效能是唯一可能的选择。这就要求教师花费更多的时间和精力从事备课与教学，需要花费更多的时间精选作业；在没有校外培训的情况下，要达到课程标准的要求，教师就要付出比以前更多的时间和精力，还要满足学生的不同层次的需要进行分层教学，使得教师在时间、精力、心理承受等方面需要付出更多。

教师和各方当事人只有认识到上述内在关联，并自觉选取适当的方式开展教学、管理、评价，才能持续有效地实现"双减"目标。

（2）有效管控第三方对师生教学效能的影响

教学原本是师生双方的活动，但随着制度化教育的发展，逐渐发展到教学和师生双方都要接受来自管理和评价的外部规范和要求，而且这类规范与要求并不是来自唯一的主体，而是来自目的、内容、标准各不相同的多方主体，它们的影响力度和范围也各不相同，影响效果既有正向激励，也有负向干预，还有极为复杂的多重影响。

比如教育的功利化现象十分严重，有的学校和家长出现了一些短视的要求，迫使教师为提高考试成绩向学生布置大量作业，还有不少家长直接向孩子布置作业，不顾孩子的兴趣爱好和学习能力，在课后给他们报各种班，引发教育内卷，严重干扰师生的正常教学。

"双减"政策实施以来,部分地区在执行过程中出现了形式化的问题,对政策文本进行了层层加码或增加了额外的要求,导致发文、检查、会议、要求、规则、处罚以及对教学细节的干预都有所增加。这些做法迫使师生不得不将更多的时间、精力和注意力转移到与教学无关的事务上。这种打着"双减"旗号的行为,往往缺乏对实际情况的深入分析,带有明显的主观性,不仅无法有效减轻师生的负担,反而可能因为其不符合实际情况而导致效果不佳,降低工作效率,进一步加重负担。长期如此,还可能引发师生的过度疲劳和心理问题,甚至增加安全风险。因此,我们需要重新审视和调整这些做法,确保"双减"政策能够真正落地生根,发挥其应有的作用。

过量的教学外的第三方影响导致教师与教师之间、教师与学校管理者之间、教师与家长之间的关系变得更为复杂,矛盾也随之增加。一些领导可能认为,如果不进行加码,就难以体现自己的存在和业绩,因此会尝试各种方式加码要求。这种加码现象在学校外部层级越多的情况下可能越严重,结果使得第三方影响过度膨胀,使师生双方自主教学的压力不断增大,直接损害了他们的积极性和自主性。实际上,提高教学效能的关键在于赋予师生足够的自由度,使他们能够充分发挥创意和想象力,真正享受教学的乐趣并乐于投入其中。如果失去了这个根本,教学效能的提升将会变得非常有限,并且难以持续。

教学高效能发挥的前提是师生自主性强、兴趣浓厚、压力适度、身心愉悦、不急功近利。只有在这样的环境下,师生的教学和生活才可能出现高效能,才能触发创造灵感,才能有更好的条件实现提质增效。为此,提质增效需要学校和教师对师生以外的、纷繁复杂的各种第三方影响进行分析、选择、管控,在数量上尽可能压至最低限度,在效能上尽可能消除负面效应。解决这些问题当然主要靠教育行政部门和学校管理者改进评价与管理,但由于实际中教师与管理方式是相互塑造的,教师依然有一定的能动空间。

教师要明确自己应负责任的边界,了解法律和政策依据,学会婉转回避、明确拒绝、有效抵制来自各方面超越边界的第三方干预,守住教学自主的底线。管理者也要明智地在不降低工作标准和要求的前提下，主动为教师减负，维护教师的正当权利，让教师有自主的空间和足够的时间与精力提高教育教学效能，并建立专业、人性化的评价机制，从根本上、系统性地减轻学生的学业负担。让教师能够甩掉包袱、轻装上阵，集中精力从事教育教学，真正激发教师的积极性、主动性、创造性，促进提质增效。

（3）进入并尽力维持真实的教学状态

未进入真实的教学状态是教育实践普遍低效、低质的原因。真实的教学应建立在教师对学生真实的学习状况、学习能力和学习需求了解的基础上。学生的学习源于兴趣和好奇，教师的教学出自对学生的热爱、对真理的探求和传播。在具体教学情境下，师生的交流属于自觉、自愿、自主，与完成教学计划、任务和实现教学目标有关，而非迫于外在的压力。

真实的教学更加注重内心交流而不拘泥于形式；更加聚焦关键问题而非细枝末节；更加关注并及时回应学生的当下疑惑和真实问题，而非对所有学生无差别地照本宣科；学校的教学环境应宽松、多样，而非压力山大、过度比拼。

"虚假教学"的现象在一定程度上还存在，通常的表现为：教师用书本化、形式化、标准化、表演化的方式进入课堂教学。学生对学习的内容缺少兴趣，没有掌握学习的方法，用坐姿非常端正，非常遵守纪律，善于对教师察言观色，与教师高度配合，紧跟教师的步调，投教师所好地假装写字、读课文、不懂装懂等各种"自我伪装"蒙蔽教师，内心则在远离教师、逃避学习。教师在课堂上觉得教得很顺利，但到检验效果的时候会发现学生学得并不理想。

长期进行不真实的教学会导致问题不断积累，进而阻碍教育教学的正常进度和任务完成。这些问题会成为提高教学质量和效率过程中长期难以克服和消除的障碍。比如，长期处于非真实教学状态下的学生会逐渐变得不敢提问题、不愿提问题，甚至提不出问题，他们的脑海中没有问题意识，从而完全游离于教学之外。当这种情况在班级中不断扩大时，教师可能会面临无法完成教学任务、班级受到负面评价、学生逐渐失去学习兴趣和动力甚至丧失信心并最终放弃学习的恶性循环。这种循环一旦形成，很可能是难以打破的死循环，对教育教学将造成极大的负面影响。

维持真实教学的关键在于不要将学生对问题本身的内在兴趣挤压掉。由于受外部评价影响，以完成外在任务、避免惩罚、以机械记忆和反复操练为主的学习方式占据了主要地位，导致个别教师完全不顾学生的内在兴趣，无限度加大对学生的压力，使得教学过程缺少深度思维，学习成果多以复制、刷题为主，难以迁移和深化，这样的过程越长，真实的教学就越少，所能获得的只是短期功利之效而非长效，这是教学的大忌。

要进入并努力维持真实教学的状态，关键在于注重观察与了解学生。虽然在实际的课堂教学中，教师难以对全班每个学生都进行细致入微的观察，但务必保持高频度、持续性的观察习惯。通过这样做，教师可以及时发现那些需要"救助"的学生，并对全班学生的整体状况有清晰的认识。基于对学生实际情况的深入了解，教师应灵活调整教学方案，设计符合学生实际需求的分层、分组教学方案。这样做的目的是让更多的学生能够最大限度地处于真实教学的状态中，确保教学的针对性和有效性。虽然每次观察可能只能聚焦于个别学生，但随着时间的推移，这些累积起来的观察经验将显著提升教师的观察能力，牢固教师了解学生的基础，同时增强解决教学不真实问题的能力。经过一段时间的积累和努力，教师将逐一揭开不同学生的内在奥秘，进而整体提升教学效能，促进每一个学生的全面发展。

16. "双减"需要教师的担当与能力提升

中共中央办公厅、国务院办公厅于2021年7月下旬印发《关于进一步减轻义务教育阶段学生作业负担和校外培训负担的意见》（下文简称"双减"《意见》），在约6 000字的文本中，22次提到"教师"，"教师"是"双减"《意见》中使用频次较高的词，说明教师在"双减"中的作用举足轻重。

(1)"双减"《意见》中的"教师"出现情况分析

"双减"《意见》除了在第一部分"总体要求"和第七部分"扎实做好试点探索,确保治理工作稳妥推进"中未提及教师,其他六部分均提到教师。"双减"《意见》中"教师"一词出现的语境及简要分析如表3-1所示:

表3-1 "双减"《意见》中"教师"出现一览

条目	原文	内容	次数归类
二、7	加强作业完成指导。教师要指导小学生在校内基本完成书面作业,初中生在校内完成大部分书面作业。教师要认真批改作业,及时做好反馈,加强面批讲解,认真分析学情,做好答疑辅导。不得要求学生自批自改作业。	教师职责	2次,主语
三、9	学校可统筹安排教师实行"弹性上下班制"。	教师管理	1次,宾语
三、11	课后服务一般由本校教师承担,也可聘请退休教师、具备资质的社会专业人员或志愿者提供。教育部门可组织区域内优秀教师到师资力量薄弱的学校开展课后服务。依法依规严肃查处教师校外有偿补课行为,直至撤销教师资格。	教师角色;教师处罚	5次,主语;宾语
三、12	各地要积极创造条件,组织优秀教师开展免费在线互动交流答疑。	教师工作安排	1次,宾语
四、14	培训机构不得高薪挖抢学校教师;从事学科类培训的人员必须具备相应教师资格,并将教师资格信息在培训机构场所及网站显著位置公布。	教师境况;教师资质	3次,宾语;定语

(续表)

条目	原文	内容	次数归类
五、19	地方各级党委和政府要树立正确政绩观，严禁下达升学指标或片面以升学率评价学校和教师。	教师评价	1次，宾语
六、20	各地要根据学生规模和中小学教职工编制标准，统筹核定编制，配足配齐教师。……课后服务经费主要用于参与课后服务教师和相关人员的补助，有关部门在核定绩效工资总量时，应考虑教师参与课后服务的因素，把用于教师课后服务补助的经费额度，作为增量纳入绩效工资并设立相应项目，不作为次年正常核定绩效工资总量的基数……教师参加课后服务的表现应作为职称评聘、表彰奖励和绩效工资分配的重要参考。	教师配置、回报、评价	5次，宾语；定语；主语
八、27	学校党组织要认真做好教师思想工作，充分调动广大教师积极性、创造性。	教师教育	2次，宾语
八、28	机构编制部门要及时为中小学校补齐补足教师编制……人力资源和社会保障部门要做好教师绩效工资核定有关工作。	教师编制、考核	2次，定语

由表3-1可见，"双减"与教师存在高度相关，直接关系到"二、全面压减作业总量和时长，减轻学生过重作业负担""三、提升学校课后服务水平，满足学生多样化需求""四、坚持从严治理，全面规范校外培训行为""五、大力提升教育教学质量，确保学生在校内学足学好""六、强化配套治理，提升支撑保障能力""八、精心组织实施，务求取得实

效"的各项举措。在各条中出现的频次排序为：三、7次；六、5次；八、4次；四、3次；二、2次；五、1次，显示"提升学校课后服务水平，满足学生多样化需求"与教师的相关度最高。

同时，在"双减"《意见》中，教师主要以"宾语"身份出现，以主语身份出现的也是对教师的要求："教师要指导小学生在校内基本完成书面作业，初中生在校内完成大部分书面作业。教师要认真批改作业，及时做好反馈，加强面批讲解，认真分析学情，做好答疑辅导。不得要求学生自批自改作业。"也就是说，"双减"不是教师主动发起的活动，但需要教师接受安排履行自身的职责，没有达到要求或违反要求就会受到处罚；遵照要求参与"双减"就会在考核、评价、绩效等方面得到一定回报。

上述分析说明，"双减"已成为每位义务教育阶段的教师不能置身事外的行动，是公办学校教师的雇主政府对教师提出的要求，每个人都需要根据自己的知识和经验积累做出判定，依据所在学校的具体要求做出自己适当的选择、回应和行动，依据对教育教学和学生成长发展的规律与需求校准自己的教育教学行为。

（2）"双减"需要教师自觉地积极担当

教师在"双减"中如何自处成为当下几乎每个义务教育阶段教师都需要面对的现实问题，对这个问题的认识不仅决定着教师个人的现实利益与职业发展，也决定着所面对的学生如何成长发展，决定着"双减"政策落实的成效，还对未来社会的生活品质与样态发生明显的影响。所以，明智的教师需要根据当下的情况和自身环境与条件，认真思考如何对待"双减"，选择什么样的行动和对策，准备发挥怎样的作用，做一个自觉自主的行动者而非仅仅是被动支配、盲目服从的执行者。

1）形成"双减"共识

教师对"双减"形成共识需要几个不同层级的认知作为支撑点：

第一层级认知支撑点是基于对义务教育阶段学生课业负担过重这一问题的判定。尽管在不同地区的不同学校学生学业负担轻重程度还是有差别的，偏远乡村的学校师生或由于学业不达标尚难以感受到学业压力，大多数在一线岗位工作的教师还是能够感受到学生学业负担重，越是在中心城市，学业负担重的问题越突出，并且教师自己也裹挟其中，在这一基础认识上，大多数教师都已达成共识。

第二层级认知支撑点是"双减"实现的关键是实现学校均衡，切实提升学校育人水平和质量，减少学科作业，提高学校工作效能。在这一点上教师们的认知会出现较前一认知更大的分化，或认为实现均衡属于宏观的教育管理问题，具体的教师无能为力；或认为自己已经努力了，提高质量与效能的问题需要通过学校管理与评价改进解决；或认为自己的学校学生的学业成绩相对较好，在均衡上靠教师使不上劲，并以诸如此类理由拉远自己与"双减"之间的距离。

第三层级认知支撑点在于对"强化学校教育主阵地作用"的认识。事实上，培训机构之所以能够快速发展，正是因为一些公立学校在教育效能和尽责方面存在不足，从而给培训机构留下了发展空间，导致整个教育生态发生了变化。虽然很多教师从正统观念和本位意识上强调学校教育的主体作用，但在能力和信心方面，他们可能会感到底气不足。再加上校外培训机构提前进行超纲教学，提高学生的考试技能和分数，这使得不少教师觉得在升学竞争中，自己肩上的担子似乎轻了一些。校外培训机构在一定程度上帮助他们解决了不少难题，也减轻了公立教师的工作压力，因此他们乐于接受这种现状。然而，对于这一现象，由于每位教师自身的切身利益和感受不同，他们之间的认知分歧可能会更大。

因此，在教师中普遍形成"双减"共识仍会有不少障碍。能够突破这些障碍的教师才能在"双减"推进中更加积极、自觉和主动。

2）**确定自身的"双减"定位**

在整个"双减"中，教师确实只是其中的一个角色，是重要却非主要的角色，需要认识到自身的能力限度、权力边界和作用有效性范围，才能恰当、准确地定位。

"双减"《意见》明确指出，教师的职责涵盖了多个方面。首先，他们需要指导和批阅作业，确保作业的布置更加科学合理，有效压减作业总量和时长，从而切实减轻学生过重的作业负担。其次，教师应努力提升学校课后服务的水平，以满足学生多样化的学习需求。最后，教师还应坚守职业道德，不参与校外补课活动，而专注于提升教育教学的质量，确保学生在校内能够学足学好。这些职责的履行都是建立在落实立德树人这一根本任务的基础之上的，同时需要教师始终秉持"坚持学生为本，遵循教育规律"的原则，这样才能更准确地定位自身在教育体系中的角色和使命。

现实中，由于种种原因，教师的角色定位确实存在较大的差异。有些教师能够严格遵守规章制度，尽职尽责地履行教育教学的职责。然而，也有部分教师因认为自己教学能力强于普通教师，对于仅拿相同的薪资感到内心不平衡，于是选择请病假去兼职，错开学校上课的时间，甚至去学生家里进行一对一辅导。这种"课上不讲课下讲"的现象依然时有发生。对于这部分教师来说，在"双减"政策背景下确立自身正确的定位确实是一个较为艰难的问题。

3）对焦"双减"目标寻找适合自己的方式

不同教师在学校中的情况不同、岗位不同，任教科目在分数比拼中的地位和作用不同，所处学段不同，面对的学生特点不同，所担责任不同，还需要根据自己的实际状况，对焦"双减"目标，要找到适合自己的、为学校教育、教学质量和服务水平进一步提升发挥作用的方式。

提升课堂教学质量是"双减"目标实现的关键，是众多教师直接可为的方式，但是在不同学校，面对不同学生的目标和任务各不相同，比如农村学校与城市学校、优质学校与薄弱学校、经验丰富的老教师与新上岗的教师课堂教学质量的具体内涵是大不相同的，依然存在需要每位教师寻找合适方式的情况。

当然，教师不能局限于就一个政策文本确定和评价自己的担当，更需要从形而上的层面思考教师的职责、学生的成长、人类的未来三者之间的关系。自己为何选择当教师？教师岗位的现实与自己的人生理想有多大差距，如何使两者更接近？自己的工作价值如何体现，学生的考试与升学，还是他们的健全发展与人生幸福？需要以什么方式才能更有效地促进学生的成长？该不该将学生的成绩作为自己实现业绩的工具或自己获得收益的机会？如果自己被别人当作名师，那是因何而名？能不能不让学业成绩形成对师生的双向绑架？如何确保自己的能力与行为不突破自己的为人底线？若干年后而非仅仅当下，自己在学生心中留下的是什么样的形象？自己能不能经受住时间的检验？只有对这些问题做更多的思考，才能更稳妥确立自己的立身准则和使命，才能在此基础上更好地校准自己的人生方向，更加智慧地应对"双减"这一政策。

（3）"双减"需要教师能力提升

实施"双减"《意见》，面临师资数量不足、能力不强、配置不均衡等诸多问题。教师是真正解决公立学校效能提升不可避免的关键因素，例如实施"五加二"课后托管服务，那就必须要增加教师编制；要提高学校的效能，提高学校的质量也需要强化师资；不均衡是因为有些学校的教师是很好的，有些学校这方面能力很弱，需要在一定区域内均衡配置；最近又提出要进一步放开三孩，在很多地方中小学女教师占比达到80%，考虑到产龄段的老师生一个孩子，她的产假就多半年，基于这一考虑，也需要酌情增加教师数量。

无论是"双减"《意见》中提到的"提高作业设计质量。发挥作业诊断、巩固、学情分析等功能……系统设计符合年龄特点和学习规律、体现素质教育导向的基础性作业。鼓励布置分层、弹性和个性化作业，坚决克服机械、无效作业，杜绝重复性、惩罚性作业"，还是"加强作业完成指导"，或者是"提升学校课后服务水平，满足学生多样化需求"，不仅是态度、定位的问题，还需要教师具有相应的能力才能确保计划的实现。

1）教师能力的相对不足情况普遍存在

"双减"需要教师能力提升。对于教师能力，不能理解为绝对数值，而是应该看到在学校间不均衡，以及培训机构与学校间效能差异背景下的相对状态，只有弱校教师的能力逐步提升到与强校相当的水平，学校内教师的能力提升到与培训机构中较强的教师同等水平，才可能实现特定范围的师资能力均衡，才能够有效减少当地校外培训的需求。

对教师状况的调查不难发现，教师能力偏低是普遍而非个别现象，单一的评价标准自然是问题，教师课内教育效能低，不能针对性地解决孩子成长问题，满足学习需求也是比较广泛的事实。通过学校内部质量与效能的提升来抑制校外培训的需求是"双减"策略落实的关键点。提高学校办学质量和课内教学效能，实现学校之间的均衡不能完全靠教师，但教师具有相应的能力是必要的基础前提。

2）"双减"产生的新情况考验教师能力

"双减"政策落实后，许多长期依赖课外辅导的学生逐渐形成了课堂上不听讲、依赖课后补课的习惯和节奏。教师需要积极改变这一状况，调整教学策略，确保学生能够充分利用课堂时间，提高学习效率。在培训机构存在时，学校教师往往只需按照自己的教学进度进行授课，无需过多兼顾学习成绩优异和学习困难的学生。然而，"双减"政策实施后，教师就不能只关注成绩较好或中等的学生，必须同时兼顾学习较差和学习困难的学生。这就需要教师具备分层教学的能力，能够针对不同层次的学生制订有针对性的教学计划，开展个性化的指导，并布置个性化的作业，以满足不同学生的学习需求。很多家长之所以选择将孩子送往培训机构，是因为他们感觉孩子在学校长时间的学习后，对某些问题仍然一知半解。而在培训机构，可能通过一次课程就能将问题讲解清楚。如果教师在学校无法解决这些问题，家长就难以消除送孩子去培训机构的念头。诸如此类的问题，实际上都是对教师能力的直接考验。教师不仅需要调整教学方式以适应政策变化，还需要不断提升自己的专业能力，以满足不同学生的学习需求。这些工作的推进并不容易，需要教师付出更多的努力和时间，但只有这样，才能真正实现"双减"政策的目标，促进学生全面而均衡的发展。

3）教师能力需要更广阔的空间才能提升

尽管进入公立学校教师岗位的人员起点并不低，但为何在若干年后，部分教师的能力却显得不足以担负高质量的教学任务呢？这确实是一个值得深入探讨的问题。我们不能不从学校内的教师培养、使用以及评价等多个环节进行细致的考察和改进。

以小学班主任教师为例，在当前的"双减"政策下，他们面临着前所未有的工作压力。每天清晨6点30分，班主任就得离开家门前往学校，确保7点准时到校。在校园里，他们不仅要负责授课，还要在课间和午休时间坚守在班级中，关心每一个学生的学习和生活状态。放学后，他们还要继续管理自习课和课后服务，而这些服务的结束时间往往晚于当地正常的下班时间。这样一算，班主任每天的工作时间远超过12小时，工作量巨大且时间长久。在这种高强度的工作状态下，教师很可能身心俱疲，甚至连基本的教研时间都难以保障。长时间如此，教学质量和效能自然难以得到有效提升，这也使得校外培训机构有了可乘之机。这种管理模式让教师陷入了疲劳战，长时间的高强度工作必然损耗他们的教学能力和热情。

实质上，教师问题的源头在于师范院校的教师培养，课程设置中必修课比较多，大部分都占到75%以上，选修课比较少；教学安排中实践课程太少，教知识的课程很多，只要考得好就能够获得教师执教资格，而不是直接教学、了解学生、直接讲课的能力强。事实上，这些方面的能力相对比较低，这是当下公立学校教师弱势的一个重要原因，依靠这样一个比较刻板的课程和知识为主的教学很难培养一名自主性高、能力强的教师，无法跟培训机构教师比拼。

在教师管理和使用上，留给教师的自主空间太少，工作负担过重，没有足够的时间钻研、研究学生和教学，学校教师待遇、地位等落实不到位，使用的机制过于刻板，缺乏人性化，要求所有教师坐班必然把所有教师都捆死了，积极性与创造性都难以充分发挥，这些方面必须改进。"双减"《意见》提到"学校可统筹安排教师实行'弹性上下班制'"，依然只是具体的局部的改变，还远远不够。学校内部的责任链也没有很好地建立起来。

目前的学校管理仍然沿袭了行政部门的传统模式，这导致了诸多问题。学校每年会收到数百上千份各类文件，其中很多文件都习惯于发号施令、采用"一刀切"的管理方式、进行排名比较优劣，这无疑加重了教师的负担。这样的管理模式剥夺了教师的自主权，限制了教师的自主性，使得一些原本在教师拥有充分自主权时能够做好的事情，因为自主权不足、自主性下降而无法得到妥善处理，甚至让教师失去了做好工作的动力。忽视专业性对效能的严重影响是不可忽视的。学校工作的专业性和复杂程度远高于行政部门。行政部门的工作主要是执行，而学校每一个管理环节都需要较高的专业性。以布置作业为例，如果教师不了解学生，作业就无法布置得恰到好处；而一旦教师深入了解学生，就能更好地掌握作业与学生实际需求的匹配度，从而针对不同学生有效地布置作业。然而，当前的学校管理模式往往导致教师采用"一刀切"的方式来布置作业，这种方式虽然简便，但很难有效地针对每一个学生的具体需求，更难以提高教学的效能。

对教师的评价也必须改变，不能只看考试分数，但是也不能是一个大锅饭的体制，大家都搞平均主义，这种形式会降低学校效能。要注重效能，引入增值评价。教师的管理与评价必须改进才能够让学校的效能提升。

提高学校的整体效能，关键在于解决教师队伍中存在的短板问题。我们必须高度关注并着力解决教师数量不足、质量参差不齐、教学能力不强以及管理和评价机制不科学等一系列问题。只有这样，才能为教师的能力提升创造更加宽广的空间，进而促进学校教育教学质量的持续提升和效能的全面提高。

公立学校应该担当责任，公立学校的教师应该担当责任，学校需要改进管理与评价以充分发挥教师的自主性、积极性、创造性，只有更高效能、更有质量地担当起自己的责任，才有可能真正地抑制住校外培训的需求，才是对校外培训机构最有效的治理。

17. "中考省级统一命题"：
减负路上的重要一环，而非唯一主角

"改变评价方式和招生录取办法，并使之与提高命题质量相配合，才

能更有效地破除'唯分数、唯升学'现象。"

4月6日，教育部办公厅印发了《关于做好2022年中考命题工作的通知》（以下简称《通知》），提出积极推进省级统一命题。力争2022年实现省级统一命题，不具备条件的省份，要研究提出加快推进省级统一命题的工作方案，明确时间表、路线图，到2024年实现中考省级统一命题。作为"双减"政策的一环，它的有效性将如何发挥？

（1）中考命题层级的演变

在1977年恢复高考前，中考具体实施由县级做主。恢复高考后，中考由地市级统一命题逐渐成为主要方式。2010年山西省实行中考全省统一命题，2017年福建中考实行全省统考。

2016年9月，教育部发布了《关于进一步推进高中阶段学校考试招生制度改革的指导意见》，标志着全国性的中考改革正式启动。此次改革明确了五大核心任务：推行初中学业水平考试制度，以更全面地评价学生的学习成果；完善学生综合素质评价体系，注重学生的全面发展；改革招生录取办法，确保公平公正；进一步优化自主招生政策，满足多样化的教育需求；加强考试招生管理，确保考试和招生的规范性和权威性。在命题层级上，仍坚持"加强省级统筹管理，以地市为主实施"的原则，以确保改革的顺利实施和效果。

2019年6月，中共中央、国务院联合印发了《关于深化教育教学改革全面提高义务教育质量的意见》，其中明确提出："我们应稳步推进初中学业水平考试的省级统一命题工作。"紧接着，同年11月，教育部又发布了《关于加强初中学业水平考试命题工作的意见》，进一步强调："各地需进一步加强省级统筹力度，落实省级在初中学业水平考试命题管理中的主体责任。对于尚未实施统一命题的省份，应积极创造有利条件，逐步推进省级统一命题工作。"

2021年，"完善省级统一的中考命题机制"被正式纳入教育部的工作要点。同年6月，安徽省中考率先实施全省统一命题、统一考试时间的改革举措。截至2021年年底，全国已有15个省、自治区、直辖市实施了中考省级统一命题，而其余省份则采取中考市级统一命题的方式。据统计，全国范围内参与中考命题的单位共有150余家，显示出中考命题工作的广泛参与性和重要性。

（2）"双减"背景下的中考命题

2022年，在"双减"政策实施后的首次中考中，仍有一半的省份采用各地市自主命题的方式。教育部在当年的工作要点中明确指出，需持续推进中考改革，并鼓励各省（区、市）全面推动招生录取综合改革进程，以加快实现省级统一命题的目标。同时，教育部还计划继续组织中考命题评估工作，以提升命题质量。在2月15日的新闻发布会上，教育部进一步强调了深化考试评价改革、加快推进中考省级统一命题的重要性，并特别指出，在"双减"政策的背景下，应加强对中考命题的研究工作，确保命题紧密贴合标准、难易适中，并实现教学与考试的有效衔接。

显然，4月6日教育部办公厅的《通知》是对上述一系列政策的落实。中考省级统一命题显然增强了管理者对命题的控制力，可更好地贯彻落实"双减"政策的要求，尽可能让中考跟"双减"政策配合起来。也能在一定程度上提高命题质量，解决各地命题质量参差不齐、命题管理不完善等问题，规范命题范围和难度，落实依据课程标准命题，更有效地以国家教育质量标准来衡量一个地区的教学质量，可以有效避免各地执行国家课程标准随意化。以同样的标准来对学生提出要求和进行评价，深化教育教学改革，减少命题的成本，为义务教育实现优质均衡提供重要的可比性参考依据。

从"双减"目标实现的视角看，省级统一命题并不等于减负，已经实行统一命题的省份也并未完全实现减负。省级统一命题相对于地市命题，是命题或评价权力的进一步集中，但所产生的效果也包括评价标准相对单一。而评价标准单一又可能导致学生学业负担加重。

同一试题使用范围增大也就增强了它与更多师生的利害攸关性，对试题的质量、等值性、信度等相关指标的要求也会相应提高。地市级命题使用范围小，相关的要求相对较低。统一命题的试卷，让发展不平衡的各地市从中考分数上具有更加单一的"可比性"，也可能引发用中考分数高低评价各地义务教育质量的新"唯分数论"。所以政策在实施过程中，需要防止误判。

此外，原有各地市独立命题时，为了体现区分度，在相互比拼中试题确实会出现超标现象，学生为了考高分就需要补课、做难题，却导致焦虑和负担加重。从贯彻"双减"政策，照应各地差异角度考虑，中考省级统一命题需要以课程标准为依据，相对于教育发展水平较高的地域命题难度将会降低；但对于教育发展水平相对较低的地区，中考难度必然会有一定的提升。

如果大多数学生面前都没有难题，仍然要按照考分高低确定进入什么高中或职普分流，由于中考录取看的不是绝对分值，而是相对排名，则会出现微小分差之间更为激烈的竞争，考题难度降低会助长部分学生采取"题海战术"比拼考试分数，负担的减轻程度还有待评估。所以靠省级统一命题和降低考试难度，尚难以实现为学生减负的目标。

（3）还须改变评价方式和招录办法

显然，改变评价方式和招生录取办法，并使之与提高命题质量相辅相成，才能更有效地破除"唯分数、唯升学"的弊端，从而切实减轻广大学生的学业负担。仅仅依赖省级统一命题，并不能彻底改变特定区域内的高中录取格局，因为学业负担往往源于学生和家长对于进入更好高中学校的期望。如果仍然仅凭一次考试的成绩来决定学生的升学去向，那么很难实质性减轻学生的负担。

即便我们强调将初中综合素质评价纳入中考体系，推进部分高中学校的自主招生，以及优质高中录取名额的合理分配，但如果这些改革仍然主要参考学生的中考成绩，那么学生和家长的焦虑情绪依然存在。

在"双减"政策的背景下，考试命题作为"指挥棒"的重要性不言而喻。然而，推进中考改革除了关注考试命题本身，更应重视如何构建多元化的评价体系、改进招录制度，重新规划高中教育的发展战略，并加快完善各类配套措施。

省级统一命题能够发挥积极作用的前提是：一方面需要解决教育均衡问题；另一方面要切实推进建立多元评价体系，进一步推动综合评价改革，优化教育评价体系，深化评价改革。建立多元评价体系需要扩大教师对学生的评价权和学校招生的自主权、建立升学评价多元体系、打破唯分数论，这才是更关键的改革。

将长达9年的学习成果仅仅寄托于2个小时的考试显然并不科学，仅凭几道题目就试图全面衡量学生对知识的掌握程度、能力发展情况以及态度价值观等，这在实际操作中并不完全具备可行性。以加拿大为例，虽然他们也进行各州的考试，但这些考试在学生评价体系中仅占30%的比重，而直接教导学生的老师对学生的评价则占据了高达70%的比重。这种多元化的评价方式有效地分散了统考所带来的压力，使得学生在日常学习中能够得到老师更为全面和细致的综合评价。目前，中考的选拔功能还需要进一步弱化，同时应更加重视义务教育阶段学生是否达到了课程标准要求，中考应日益强化其检验义务教育合格的底线定位，如果学生达到了要求，他就有上高中的资格。淡化升学竞争的同时，加快高中多样性、特色化发展，扩大学生选择空间，实现高中学校特色与学生优势潜能的有效配对。

另外，中考省级统一命题本身也应有多种实施模式，不宜不同的省市照搬。简言之，实行省级命题还需要建立多元评价机制配合和招生方式的改进，才能真正实现减轻学生学业负担的目标。

"双减"背景下，学校教育的主阵地作用进一步加强。教师作为影响学校发展的核心力量，其综合能力和专业素养直接关系到"双减"政策的有效落实。

第四章

学校改进之治

1. 教育学发展要适应高质量建设

中国教育学学科的发展历程可谓曲折且充满挑战，其实质性进展相对缓慢，原创性也亟待提升。时至今日，中国教育学者一直怀揣着撰写一部具有深刻内涵的《中国教育学》的崇高目标，但这一目标尚未达成。同时，我们面临着学生学业负担过重、学生体质普遍下滑以及教育评价体系不完善等诸多问题，这些问题的有效解决都迫切需要坚实的基础理论作为支撑，否则可能会严重影响教育实践的效果。当前，建立有开阔视野、开放观念，有理论深度和实践效力的教育学，成为全面提升教育品质、办好人民满意的教育所必须做的基础工作。

（1）立足现代奠定教育学发展基础

春秋时期，我国便开始了对教育的深入研究，然而将其发展成为分科研究与教学的现代学科在10世纪初才得以实现。1905年前后，王国维先生编撰了中国人撰写的第一本《教育学》，这本著作直接应用于师范学校的教学之中，具有划时代的意义。在新文化运动和新教育运动的推动下，中国教育学逐渐迈上了现代化的新台阶。

中国教育仍处在现代化进程中，《中国教育现代化2035》明确了中国教育现代化的方向和目标，"十四五"规划确立了建设高质量教育体系的重大任务，教育学发展需要与现代化进程同步，服务于高质量教育体系建设。在信息化时代，教育学面临着在新技术条件下对教育规律、教育原理、教育原则的新阐释，需要从教育方式方法、教育内容、教育工具与手段等方面展开新的界定和运用。

不可忽视的是，相较于其他学科的高速发展，教育学的发展步伐显得相对缓慢。然而，这并不意味着教育学缺乏活力与进步。在教育学领域，围绕教育学元研究、教育本质、教育产业化、新课程改革等主题，学者们展开了广泛的学术争论。同时，教育学也深入探讨了教育与生活、教育与市场、教育公平与均衡等议题，这些研究更加深入和广泛。此外，教育学还不断拓展各分支学科的研究领域，形成了诸如主体教育等多个学派。素质教育、创新教育、主体性教育、活动课程和研究性学习等教育思想和观念被广泛传播，为教育学的发展注入了新的活力。教育学的发展受到论文发表、论著出版、课题研究、学科排名、职称评定、学位点增设等一系列量化管理与评价因素的影响，这使得科研产出不断增加。然而，尽管教育学著作和教材的总数已达到数百种，但其中存在着较为突出的形式化学术倾向。这种倾向表现为过于注重编写而非独创，导致"千书一面"的现象时常出现。同时，这些作品在思想深度和实践效力方面往往显得不足，高质量、原创性的教育学作品相对较少。

（2）增强教育学提升全民教育品质的功能

教育学的发展不会带来瞬时巨大的效益，但没有充分科学、足够先进的教育学就不会有高品质的教育，人民通过教育实现幸福生活的机会就大大减少了。

中国教育学发展未能有效解决教育发展中的突出问题，其原因既有对教育学研究重视不够，也有方式不当和定位误差，更为突出的问题是偏离主题现象普遍。"教育"概念的核心应当聚焦于人的成长发展，教育学应当是研究人的成长发展的学问。只有增强教育学提升教育品质的功能，才能为教育学发展注入不竭动力，使教育学发展效力获得提升。

满足人民不断增长的教育需求就必须从解决好教育学发展的问题着手。

第一，要进一步解放思想。思想的开放和解放是教育学原创的源头，教育学作为基础学科，原创性更为艰难，需要对思想、原理、概念进行最纯粹、科学、持续不懈的艰难探索，需要有质疑、批判、探索的勇气，需要进一步解放思想，在理论意境、研究视域、核心问题、语言风格上超出原有的阅读边界、学术视野。

第二，建立促进教育学正常发展的社会机制。以下两个机制发挥着非常重要的作用：一是理论传承机制。在经济全球化时代，教育学站在人类文明当下的基础上创新才是正确的选择，分析、筛选、吸纳古今中外各种与人的成长发展相关的学术信息，在技术和理论上充分利用开放的学术资源市场获取学术发展的理论、方法以及其他资源。不能以无形的"墙"将中国的教育学研究者挡在世界教育学思想和技术资源的主流市场之外，影响教育学的开放与创新。二是个体筛选和培育机制。教育学的发展呼唤有独特的天赋、极强的使命感、博爱存心、免于功利、视野开阔、兴趣广泛、思维独立深刻和行动力强的教育学者。要开放教育学的研究，激励对教育学感兴趣、以教育学为志业、有不同学科背景的人参与，借鉴和运用多学科新理论来研究教育学，通过多样性的证据质证、实验、个人体验探求教育原理，更新理论、体系、方法，建构新的教育学。

第三，建立适合教育学发展的学术评价机制。适合学术探索和知识增值的学术评价机制是教育学良性发展的必要条件。在宏观上，它是客观评价、激励探索的环境支撑；在微观上，它确定选题、研究方向，促进整体协调团队的各项资源，体现知识的权力，发挥学术效力。如果教育学发展未形成正常的学术评价机制，真知灼见便难以获得突出展现的机会，教育学也难以及时吸纳、凝练与之相关的各学科精髓，造成原创性不足。同时，论著作者的知识产权意识不强，结构、理论、体系与板块易雷同，缺少基于本国经验的理论阐述，教育学专业水平、实践绩效难以提升。

（3）开辟教育学研究领域

教育学的发展要走出传统的单一学科，拓展新的领域，关键在于：

广义的教育应该聚焦于人的成长发展。教育学应当从人的成长发展过程出发，逐一展开，才有可能更接近本真，探索更高品质和更广泛适用的教育学。教育学的学科形态与范式要应需而变，要面向宏大主体，同时也要面向个体。学校与地方教育史志本身是从宏大的教育学向个体化、个性化教育学拓展的必要区域，在提升学术化的同时更加聚焦应用，从单一学科走向集成，增强独立性、自觉性、自主性，主动应对信息技术的挑战，顺应学习者中心的变化，面向学习者需求，注重互动而非单向生成。

有效的教育学需要基于实证。不重视实证，缺乏实证，理论与实际脱离，教育与生活脱离，将导致教育学论文和著述追求宏大、趋向单一、远离生活、缺乏可操作性和可验证性，无法见诸行动，也难以对教育行动发挥实效。

教育品质提升有赖于教育学的不断改进。教育学需要因个体成长发展及社会的发展需求不断改进。个体成长与社会发展共生、互生，并相互选择，所以教育要教人做人和创造理想社会，教育改进本身也是教人做人和助力创造理想社会。教育学需要认清"好教育"的相对性，它是相对于具体的教育理想、教育理论、特定时间空间而言的。相对于不同的人来说，"好教育"具有不同的内涵，因此，需要各方协商，本着以人为本，依据共建、共治、共享原则创建"好教育"。"好教育"关键在于个体成长得好，需要走出功利、特权误区。教育学者需要定位为教育改进者，明确改进者定位后才能有效推动教育改进。通向"好教育"的方法、路径、过程没有标准答案，需要每个教育者和成长中的个体依据自己的条件和未知数去求解。教育者首先需要自主自觉自愿地成为教育改进者，勇敢担当与传承个体与社会的责任，参照相关的基准和当事人的满意度寻找改进机会，充分运用想象和实证方法作为工具，明确界定所要改进的对象，设计好改进方案，不断逐级找到自己的专业改进起点，做有价值、有效果的教育改进。

教育学研究要将以人为本的理念贯穿其中。教育学需要自觉地将以人为本作为学科发展新的理论基础，并据此重新界定教育的内涵、外延，调整教育的定位和聚焦点，以人本视野重新认识教育，看到比过去更加广阔的教育学研究领域，进入全新的教育学研究进程，把"人"放在视野的正中，才能有全新的教育学。以人的成长发展状况作为教育的基本原则来观察、评价、研究教育，才能写出新的人本教育学。

教育学者在基本和重大问题上有所作为，需要几十年的多方面的积累，教育学发展才能在基本和重大问题上有所突破。对于研究团队而言，需要兼容多样性的长时间磨合，组建高质量的学术团队、杰出学者的产生、促进教育学对教育发展的解释与指导能力提升等，都是产生高质量教育学的基本标志。

2.提高公办中小学活力具有重要意义

据教育部发布的2019年全国教育事业发展基本情况，2019年全国共有各级各类民办学校19.15万所，比上年增加8052所，占全国比重36.13%；各类教育在校生5616.61万人，比上年增加238.40万人，增长4.43%。其中：民办普通小学6228所，比上年增加49所，增长0.79%，在校生944.91万人，比上年增加60.33万人，增长6.82%；民办初中5793所，比上年增加331所，增长6.06%，在校生687.40万人，比上年增加51.10万人，增长8.03%；民办普通高中3427所，比上年增加211所，增长6.56%，在校生359.68万人，比上年增加31.41万人，增长9.57%；民办中等职业学校1985所（不含技工学校数据），比上年减少8所，下降0.40%，在校生224.37万人，比上年增加14.67万人，增长6.99%。查看历年数据，这一趋势延续了十余年，相对于公办中小学，民办中小学在校生数据增长较快，显示出更强的吸引力和发展活力，而公办学校的活力相对不足。激活公办学校应该予以高度重视。

（1）追求良性教育生态中的活力

事实上，中国民办学校发展自改革开放以来一直遇到各种障碍，因此，《规划纲要》明确指出："大力支持民办教育。民办教育是教育事业发展的重要增长点和促进教育改革的重要力量。""依法落实民办学校、学生、教师与公办学校、学生、教师平等的法律地位，保障民办学校办学自主权。清理并纠正对民办学校的各类歧视政策。"平等对待民办学校与公办学校，两种学生与教师权利相同、学校地位相同，形成适度竞争是未来发展教育的政策基石。

激活公办学校要从防止教育上城乡、校际、区域、类别和人群间存在的马太效应出发，平衡教育系统内外多方复杂的责权、供求、利益与诉求关系。要摒弃过去仅仅办好一两所示范学校或仅仅办好公办学校的工作思路，而需要通过多主体在规则明确的体系内适度竞争，建立一个区域的良性教育生态，平等对待各类教育主体和当事人，不同类别、不同学段、不同主体主办的学校之间平等相待，各扬其长，适度竞争。

由于相关政策调整不到位，客观上造成公办学校的活力不足：

一是经费拨付程序缺乏绩效考核难以形成责任压力，难以激发公办学校活力。2002—2017年间，民办学校在校生增长了4000万人，公办学校在校生减少了2500万人。民办学校增加了12万所，公办学校减少了28万所。在此期间财政性教育经费从3500亿元增加到34000亿元，意味着生均经费大幅度增长，而其中99%花在公办学校，只有1%花在了民办学校，然而公办学校花费15年前10倍以上的投入并没有多出成果，还出现活力不足；民办学校只用了1%的公共教育资金却提供了20%的公共教育服务，活力明显比公办学校强。

民办学校由于经费主要来源于学生收费，学校内部必须建立严格的责任制才能维持生存，它的活力就来自责权分明的责任体系。现在的中小学进入公办学校就能自然享受财政教育经费，进民办学校就很少或不能享受到财政经费，基于学生人数分享公共教育资源的合法合理诉求未能形成机制。因此，民办学校与公办学校的平等和良性适度竞争的经费来源基础事实上不存在，民办学校就可能出现短期行为和不正当竞争，公办学校由于处于养尊处优地位又缺少责任意识，也就难以激发活力，整体上，两类学校都难以确保从自身的长远发展考虑回归教育原本，使得未来教育发展之路具有更大的不确定性。

解决之道在于强化公共财政经费使用绩效考核、评估、管理机制，让公办学校与民办学校更加平等地获得财政教育经费，进一步强化责任链建设，明确责任人，让低效者退出，从根本上激发公办学校的办学活力。

二是公办学校管理主体层级差异，造成学校间不均衡，形成负向攀比而缺少活力。现有公办学校为主的教育供给主体是具有层级的单一结构，由于不同学校属于不同层级的政府管理，学校间的客观条件、政策空间、师资都存在较大的差距，在很大程度上是造成教育供给不平衡不充分的体制根源。S市虽然已经通过了义务教育均衡发展验收，但"生均教学仪器设备值"在不同学校之间的差距仍显著，达到了3~8倍。这仅仅是物质条件方面的不均衡，师资力量和公共政策方面的分层现象也依然存在，导致各地学校之间的差距依然十分明显。

由于不同层级政府管理的学校之间难以平衡，校际差距造成不可比性增强，较好的学校认为不需要活力我也好，较差的学校认为我再有活力也是差，处于平衡均值以下的学校可能选择自暴自弃，从而两极的学校都倾向负向攀比，几乎都无法产生激励，抑制了不同学校内部的活力。民办学校则不同，任何一所学校只要办得稍好一点就能吸引更多生源，近年来，在义务教育阶段选择民办学校的学生比例增长，特别是农村义务教育阶段的这一趋势更为明显，更多的人选择把孩子送到县城以上的民办学校上学，正是看到了公办学校的城乡与校际级差，于是乡村公办中小学出现空心化现象。

解决这一问题的关键在于政府需大力推动供给侧结构性改革，努力消除公办学校之间的级差，确保所有公办学校站在同一起跑线上，没有显著的差距，从而让每所学校都能看到通过自身努力就能获得成功的希望。

三是政府与公办学校之间的责权边界不清，抑制学校活力。地方政府把学校当作下属事业单位，而不是独立法人，不断向学校发出各种行政指令，各种评比检查太多；行政越权下压缩了校长和教师的自主权，缺乏自主权自然难有活力，不少教师甚至感到自己基本的教学权力也得不到保障和尊重。行政部门还决定了公办学校的编制，学校没有教师招聘权，也没有完整的教师管理和评价权，教师只能进，不能出。一方面学校副校长的任免由教育局而不是校长决定，另一方面校长能任命的学校中层干部太多，一所60位教师的公办学校竟然有30多位中层干部，还有很多事忙不过来，这些事的源头不是学生的成长发展需要，而是上级行政部门的指派。

解决之道在于简政放权，减少行政部门对学校过多地发文，让教师和学校有更大的自主权，能够依据具体教学情景面对的学生，依据专业判断确定开展不同的教育。

四是评价过度单一集中，主要是看升学率，这绑架了包括公办学校在内的中小学，使其无法充分展示活力。教育的评价事实上只看学生的考试分数，而且只看考试分数的绝对值，而非一个学生在某一段时间的发展情况。各级教育行政部门对学校进行分科室考核，以质量监测名义暗中排名，并将考核和排名结果与绩效奖励挂钩。这种评价事实上使直接从事教学的教师以及具体的学校失去了评价权。教学与评价原本就是一体的，失去评价权的教师就沦为照别人意图教学的打工仔，使包括公办和民办学校的一线教师因教学自主性与自主权不足而被动应考，从而缺乏活力。

多样化需求与教育的评价标准单一、供给主体单一之间的矛盾，公办学校教育方式、结构、体制单一和能力不足，使其难以充分、精准履行基本公共服务职责。满足多样化需求的途径，在确保政府对每个受教育个体的基本公共服务标准一致的前提下，通过不同的办学主体去提供多样化的服务，由受教育者根据自己的实际加以选择。这样才能避免将天性多样的人送进千校一面的学校，培养成千人一面的人，难以适应社会不同岗位对人才多样性的需求。

解决之道在于努力实现管办评的责权边界明晰，充分发展并运用第三方教育评价，构成教育发展的平衡和逐步提升机制。转变教育政绩观，学校和教育主管部门都要明确：学校要为所有学生提供适合的教育，而不仅仅是为考试成绩好的部分学生服务，也不能用一个标准衡量，只为符合该标准的学生服务。需要充分发挥办学主体和专业组织的智慧，让学校在特色发展中更具有活力，同时能够满足不同背景、不同发展取向学生的学习需要。

公办学校一定要清醒地意识到，有了财政经费并不等于就有了一切，政府也不能简单地认为给钱就能办好公办学校。只有创造良好的教育生态环境，让公办学校更加充分自主地发展，压实责任，才能办出充满活力的公办学校。

教育的主要矛盾是人民对美好教育的向往与教育发展不充分不平衡之间的矛盾。人们向往的美好教育是优质、公平、多样化的教育，而教育的现实状况是不平衡、不充分、过于单一且成本较高，效率较低。公办学校能否在解决教育的数量与质量的矛盾、供给与需求的矛盾、效率与公平的矛盾三个方面发挥应有的作用，是衡量公办学校是否有效激活的主要衡量标准。

公办学校与政府间的现有关系决定着激发公办学校活力的责任主体是各级政府。各级政府需要确立教育发展的整体平衡观，将公办学校作为实现教育平衡而又充分发展的教育供给主体之一，整体全面地发展各级各类教育，协调好政府与学校、公办学校与民办学校、权利与责任、投入与绩效等各方面关系。政府要做好多主体参与发展教育的整体规划、规则制定和各方协调工作，同时给地方和各类教育主体及当事人放权，使当事人有当事权，履责者获收益，参与公共服务的各类学校地位平等，花钱必问效，无效必问责。

（2）公办学校应需而变，才能激发活力

首先，要明确定位。公办学校在世界各国的基本定位都是履行社会的基本公共服务职责，而不是要与其他某个学校一比高低。但现实中不少原来地方的重点或示范公立学校以及政府部门人员依然难以克制这样的冲动。从长远来看，公立学校应当坚守其作为社会基本公共服务的"保底"职能，致力于扩大和优化教育的底部基础，将现有的底部公立学校进行优化，使之像树根一样广泛而坚实。我们应确保所有公立学校中至少有80%的学校达到同一基准线，并在保障质量、提高效率的同时，注重教育的多样性。这个"底部"越厚实，越有助于实现教育公平，进而促进社会稳定。

目前，全国教育发展的最大短板仍然在于义务教育阶段的薄弱学校，

这些学校以公办学校为主，特别是在农村地区。激活并改造提升这些学校是实现教育平衡与充分发展的关键所在。我们需要针对薄弱学校的管理、评价、经费投入、办学条件、教师质量、办学水平等方面，采取符合当地实际情况的有效措施，促进其自主发展和提升。

民办学校往往选择在城镇办学，以吸引农村生源。因此，政府应当加大力度改善农村学校的办学条件，使之不亚于城镇学校，从而吸引生源回流。为此，我们亟须深入推进城乡教育一体化，全面改造农村薄弱学校，努力实现城乡各类学校的平衡发展。

其次，要减少管理主体的层级。学校属于不同行政层级，必然产生不平衡，一些家长花巨资买学区房就是这种不平衡的后果，在短期内不能彻底消除教育供给主体层级性的情况下，一定要把公办学校变得更加扁平作为长期目标，至少可以通过减少层级为激发活力实现平衡创造更合适的体制条件。要减少县级以下学校管理的行政层级。我国基础教育实行以县为主的体制多年，基层学校管理的层级多是导致不均衡的体制性原因，也使得责权授受不直接，人、财、事的责、权、利不统一；学校自主权不足，学校的管理职权流失，难以依据学生当下的实际，采取有效措施，对学生的成长发展负责。必须减少学校管理的行政层级。改变现行"县局—乡镇中心校—农村小规模学校"的垂直式分包分管模式，彻底撤销中心学校的行政管理职能。无论学校大小，由县教育局在人事、财政经费、信息发布上直接与学校联系，依据以人为本的逻辑提升小规模学校的权位，将整个县域的学校管理更加扁平化，以学生为中心，将管理功能的重心下放到学校内部，对师生有效放权，让学校有更大的自主办学、自主管理、自主评价空间，成为一个职能相对完善的教学、管理、评价组织。在转变职能的同时，简化县教育行政部门（含各科室、教育督导室、教育研究部门）与学校之间的业务工作流程，并充分利用网络信息技术承载信息传播功能，降低教育的行政成本。

最后，探索建立多方参与具有平衡性的教育治理体系，让社会参与激活公办学校。落实基层的简政放权，深化管办评分离改革，建立全社会共同参与的扁平式地方教育治理体系，积极构建政府、学校、社会、家庭联动的格局，促进学校与社会建立更加密切的联系。

同时，推广增值评价。评价是工作的驱动和导向，增值评价主要是对学生的成长度进行评价，而不是仅仅看学生几次考试的绝对分值，所以它能够大范围激发普通学校教师的积极性，激励教师在完成规定课程的同时满足学生多样性需求，从而提高公办学校对学生的包容性和吸引力。增值评价是一种相对而言更加综合的评价，可以将义务教育巩固率、义务教育均衡、开齐开足课程等纳入考核范围。增值评价增加了教师的教学自主权、课程设置与教材选择权，减少命题对教学的影响，有利于教师充分发挥能动性。

公办学校若活力不足，必然导致能力不足。如果无法改变当前单一、粗放、呆板、封闭的办学模式，以及质量、效率相对较低，成本相对较高的状况，那么生源流失到民办学校的情况将难以避免。因此，公办学校需要将压力转化为动力，积极发挥在良性教育生态中的重要作用。我们应将目标设定为确保每个社区都有优质的公办学校，以满足人民群众对教育的期望和需求，承担起办人民满意的教育所应担当的责任。

3.完善学校治理须建立密合有效的责任链

自学校诞生以来，学校治理便成为重要议题。当下，随着公众对优质教育需求的不断升温，学校治理的改进显得尤为迫切。然而，对于学校治理的优劣，人们往往难以形成统一的认识，这可能是由于定位不同或判断标准不一所致。从建设高质量教育体系和教育现代化的角度来看，学校治理的优劣应主要取决于育人目标的达成情况和育人效能的提升程度。作为学校管理者，明辨学校治理的优劣及其内在机理是基本常识和必备能力。只有深刻理解和把握这一点，我们才能更好地推动学校发展，提高教育品质，实现办好学校的目标。

（1）学校善治的基础在于责任与权力配置

学校实现育人目标和决定育人效能的是多种主体，包括师生、家长及相关人群的所有教育当事人。但不同人在其中发挥的作用不同，校长未必是其中发挥相对较大作用的关键人物，现实中一些校长或受环境制约，或受自身能力与特征所限，并未在学校治理中发挥较大的关键作用。

考察古今中外的学校，实地调查大量案例得出的启示是：学校的责任与权力配置方式是决定学校能否走向善治的基础性决定因素。

学校的责任配置是指对学校需要履行的各种责任明确细化到具体的责任人；权力配置主要指确定学校内不同主体的各种权力分配、边界确定、衔接关系。责权的配置需要有经得起推敲的理论逻辑，需要施行切实有效的作用机制，需要拓展灵活多样的实现路径。在责权配置确定基础上需要制定权力运行和责任履行的规则、规范，责权配置中需要遵循通用的责权匹配、权责一致的原则；一个人负多大的责任，就需赋予他相匹配的权力，不能出现有权的不负责、负责的没有权的现象；要让掌握相应权力的人担负起相应的责任，出色地负责就能获利，经过评估未能负起责的人就需要被追责并付出相应的代价。

学校的责权配置和规范制定更需要人性化，用人所长，使权力运行有利于学校内尽量多的个体成长和能力发挥。学校治理中对师生人性化管理是教育不同于其他行业的特殊需要，需要从教育本质和师生的个性特征及实际状况出发，协商确定规范的实施方式。以前很多学校都缺乏这种理念，一些学校推行"刷脸"考勤、量化评定之类机械、严苛的管理方式，伤害了师生工作和学习的积极性。如果不能让师生有归属感、幸福感，就很难真正实现教育教学质量的提高。

（2）责任链不密合是学校常见问题

当家长将孩子送到学校时，学校内部究竟由谁来对这个孩子的成长发展负责，是当下大多数学校尚未妥善解决且未得到足够重视的关键问题。这个问题实际上对学校的教育质量与效能有着广泛、深刻和持久的影响，值得我们深思并付诸行动。

责任链是指个体在所处权责环境中承担的多向链式责任体系。校长的权力在形式上是上级主管部门赋权产生，但归根结底是受人民所委托，具体需要对他所面对的学生和家长负责、对学校是否真正实现高质量发展负责。一位教师既要向学校领导负责，也要向所面对的学生及其家长负责，还要向有工作关联的同事负责，向所处的社会负责。

如果学校中有更多的人能够更清晰地认识到自己的责任链，那么即便不增加经费投入，也能显著看到学校教育质量的提升。相反，如果大多数教师对自己的责任链不够清晰，那么即使投入再多资源，效益也往往不尽如人意，教育质量也难以得到显著提升。这是因为，一位教师在某个学科上的不负责任，很可能会影响到该班其他老师有效地履行自己的责任。因此，明确并强化每位教师的责任链意识，对于提升学校教育质量至关重要。

调查显示，不少有责任感的教师也只存在单向、直接的责任关系意识，比如领导交代一件事，只想到要对领导负责，没有考虑这样做是否对学生也负责；校长收到一份文件，仅仅想到怎样对上一级行政部门负责，很少考虑怎样做才能同时对教师、学生和家长负责。大多数学校管理者没有责任链的概念和意识，教师中有责任链意识的人更少。他们很少意识到学校当事人向不同对象负责的权重大小是各不相同的，因而常出现该重者轻、该轻者重的现象。因此，在一个学生成长发展遇到关键问题需要及时解决的时候，往往不能明确谁该负责、哪些人需要负责、个人负多大责任，这便是学校的责任链不密合有效的实际状况。

与同样属于专业机构的医院相比，学校的责任链更不清晰，病人到医院后谁接诊、谁开方、谁治疗的责任就比学校更加明确。因此，促进权力规范运行、责任的明确清晰是推进学校治理体系和治理能力现代化的必要选项。

完善的学校治理体系必须是责任链密合而有效的，主要体现在权力运行和责任落实情况必须公开透明且得到有效监督，对涉及公权力要全程监督，对责任落实要有效评估与审核，对公权力的滥用和失职失责必须依法依规追究。

（3）把权责机制优势转化为治理效能

密合有效的责任链体现为学校的组织体系、制度体系和工作机制的完备顺畅。完善的责任链是所有当事人依法依规行使职权的有力保障，也是学校治理民主化、科学化水平提升，校园充满生机活力，教育教学质量提升的必要保障。

学校功能正常才能有效发挥教育作用，而现实的情况是不少学校在过多行政指令甚至"一刀切"要求的不断作用下，责任链扭曲或失去效能，越来越失去了自组织功能与自我协调能力。正常的学校治理是校内外所有相关的教育当事人多方基于规范和责任自主参与的共建共治共享，需要把权责机制优势转化为治理优势和治理效能。密合有效的责任链的主要特征有：

1）任人得当。在学校治理体系中，相应岗位任命的人的学识、品德与能力应足以担当起责任。任人不当往往受到责任链上游系统性的影响，对责任链的下游也将产生难以根除的消极影响，使局部责任链瘫痪。

2）衔接密合。相邻责任主体间的责权划分明确，并得到双方认可。在具体的情境下，责权衔接密合需要上级赋权定责，也需要相邻主体协商，根据双方的能力特征和意向商定边界。比如，同一个班主任对班里知识、能力和个性特征各异的学生家长，就不能只设定同一的责权边界，而是需要在相互了解的基础上与各位家长协商约定。在多主体的责任与权力明确界定的基础上，各主体都积极主动遵守规范、有序参与，才能发挥更佳的效能。

3）权责相称。有权就有责，权责要对等，接受赋权者行使权力的同时必然要履行职责。不少一线教育人慨叹自己只有责任没有权力，高强度却没有兴趣和自主性的工作与学习必将摧毁他们自觉的责任意识。大量例证表明，当学校内部的每个人和基本单元越能责权明晰、自主活动、交互合作、互惠互利，达成资源的优化配置与高效利用，就越能优质高效。如果每个人都需要经过上一级乃至最高一级同意学什么、怎么学，师生就无法拥有自己的学习权，无法发挥自主能动性进行自主教学，责权关系混乱，其效果必然是低效、僵化的。

4）监督问责。完整的责任链体现在决策、执行、监督的基本架构完整。要定期进行责任评估，规范权力运行，防止权力越位和缺位，解决好可以做什么、做了什么的问题；督促责任履行，防止虚化、模糊应对，认真核验应该做什么、做得如何的效果。规范权力运行不能仅仅关注是否存在权力滥用、以权谋私，还应评估权力运行是否存在低效、无效甚至损失浪费的情况，确立权力运行成效与责任履行之间的联系，无效就必须问责，才能不断完善学校治理。

权力运行和责任履行是构成学校治理的基本要素与核心环节，建立密合有效的责任链是完善治理的关键机制。责任链是否健全运行需要定期检验，对照权责清单，开展治理责任与能力评估，建立健全、客观、公正的责任评估机制，可借助第三方评价方式和数字化工具，评价结果作为奖励与追责的依据，作为对当事人考核、任免、奖惩的重要参考，作为新一轮责权配置的参考。赋权必负责，履责必问效，无效必追责，如此才能不断完善学校治理体系，提升学校治理能力。

4.教育数字化转型须遵循三大准则

2022年是国家教育数字化战略行动的开局之年，2023年是纵深推进教育数字化转型的一年。需要全面、深刻、完整地了解数字化，认识到它是一把双刃剑，能用其利，避其害，最终进入一个相对有利于人类的教育数字化时代。教育数字化转型须遵循以下三个准则。

（1）人本的教育数字化

教育数字化作为社会发展的一个重要方面，同样需要我们深入思考一系列问题：这究竟是谁的教育数字化？数字化在教育领域是应该被视为一种工具、手段，还是一个过程，甚至是我们的目标？由于数字化本身是一个充满未知和挑战的领域，如果我们对它的认识不够充分，或者事先没有做好充分的规划，那么教育数字化在解决某些具体问题的同时，也可能带来一系列负面影响。例如，在新冠病毒疫情防控期间，虽然大规模使用的在线教学为我们提供了极大便利，但同时也不可避免地给学生带来了束缚、限制，甚至可能导致学习的低效和伤害。这充分证明了教育数字化是一把双刃剑，我们在推进教育数字化的过程中必须谨慎而理智，确保它能够为教育带来真正的进步和发展，而不是简单的技术堆砌和形式主义。

在几千年的教育历史发展中，我们可以将教育的各个方面依据可变性从小到大排序，依次为：教育规律、教育原理、教育原则、教育目标、教育场域、教育方式方法、教育内容、教育技术、工具与手段。可变性的大小与这些因素与人的天性亲近程度直接相关。数字技术，作为教育技术、工具与手段的一种，在教育中离人的天性较远，因此其可变性最大。它可以在不同程度上由大到小地影响教育内容、教育方式方法、教育场域等。然而，它几乎很难对教育规律、教育原理、教育原则、教育目标产生实质性的影响。在推进教育数字化的过程中，以人为本的理念应该贯穿始终。这意味着我们需要遵从上述的次序，不要试图超越这一框架，尤其不能像当前某些人那样，错误地将数字信息技术视为教育的操作系统，进而僭越人在决定教育规律、教育原理、教育原则、教育目标上的选择与决定作用。我们必须清醒地认识到，无论技术如何发展，教育的核心始终是人，技术只能作为辅助手段，而不能成为决定教育的主导因素。为此，确定将以人为本、以学生的成长发展为本作为教育数字化发展的基本准则，就必须尽量避免以控制的思路来使用数字信息技术，还要防止数字信息技术迎合了人性中的某些弱点，而弱化人的智能与健全人格发展。依据有利还是有害、适合与不适合的标准，由教育当事人自主选择利用互联网、大数据、人工智能和虚拟技术。

在教学上，要确保数字信息技术提供多样化的学习资源供学生自主选用，而不是仅仅提供单一的教学，要求所有学生无条件接受，避免强推损伤学生的自主性和自生动力，要避免使用数字信息技术对师生进行绑架、控制。

在评价上，利用信息技术成为不失真的教育评价工具，尽可能避免它成为部分人控制学习者更为强大有效的工具。

评定教育数字化优劣的最终依据是学生学到什么或学生学得好不好，学生是否因此获得更健全的成长发展，这是判定教育信息化是否坚持人本准则的评定标准。

（2）法治的教育数字化

如何防止和遏制数字化对人类的伤害、对教育的摧残，不二法门是在全面、深刻、完整认识数字化特性的基础上，在建设数字化的同时，及时、同步，加快与之相对应的法治与规范建设，制定《数字化法》《教育数字化条例》，从而减少直至消除数字化对人类所有个体可能造成的伤害。

从教育数字化角度看，教育政策与法律是对教育数字化相关的各主体、对象，包括在建设数字化过程中的有关力量进行调整或约束。法律的调整对象是人的有意行为和社会关系，主要包括家长、教师、学校、相关部门的政府工作人员和参与教育数字化活动的各类人员；政策调整方式不限于人的行为或社会关系，也包括财政预算等政府行为，变化性较大。

在数字化过程中，有两种行为需要得到法律与政策的规范：一是基于对数字化片面认知的盲目政绩观，或简单将数字化当作政治任务，将教育数字化比例高低作为一个地方政府和教育部门的政绩，而不看它对学生和教师产生的具体效果有利还是有害，不看财政经费投入的绩效。二是过度逐利的教育数字化发展，将会成为部分群体或机构的逐利工具，用于绑架大多数教育数字化技术的使用者。

推进法治的教育数字化的依据在于教育数字化不是法外之地，教育数字化不能成为脱离法治的"脱缰野马"。尤其是在数字化技术力量强劲，原有的法律法规对它已无"缚鸡之力"时，尤其需要重视并尽快同步开展数字化的法治化进程。为了使相应的进程稳妥、理性，有必要对教育数字化项目的立项引入第三方评估，邀请包括法律、政策、人文领域的专家，而不仅仅是数字化领域的专家参与评估。政府的数字化政策制定也不能仅仅由数字化专家参与，也应该由法律、政策、人文和数字化等方面的专家组成。尤其是全国性的教育数字化政策需要经过多方论证才能发布。

增强数字化政策制定的社会参与性是实现法治的教育数字化的重要途径。国家如何发展教育数字化不能仅仅由数字化企业说了算，也不能由对数字化缺乏深刻、全面了解的行政部门说了算，更不能由企业使用灰色方式获得政府掌握相关公权的当事人拍板，而应在使用者的感受与体验基础上做出选择与决定。在教育数字化上，既需要态度积极，又需要不脱离法治轨道。

（3）平权的教育数字化

在管理、评价上，要在权利平等基础上使用数字化信息技术，数字化技术既不能造成技术对人的尊严、自主性、想象力的限制、损伤、摧毁，也不能形成一部分人对另一部分人的数字技术压制，不能造成师生以及教育管理者之间的权利不平衡。

在数字化进程中之所以要平权，从源头上是由于在一个平等、自由的体制里，大多数人才能专心致志做研究，他们的创造力才能发挥到相对好的状态，才能让真正有价值的研究通过市场获得足够的资金支持，才有可能推动一个国家包括数字化在内的科技走到人类前沿。从使用端来看，只有实现权利平等的数字化，才能提高它的普惠性、公平性，才能确保用户的选择性，才不至于是一方对另一方的强制，才适合在教育中使用。

在教育中如何用、用多少、何时用数字化技术要尊重教育当事人的选择。在数字化使用上确保人的自主性和不同人的权利平等是教育数字化平权的主要内涵。比如，在现实中，数字化评价与管理就在一定程度上成了数字化控制，放大了权利不平等。从教育立场看，必须将人放在数字化技术前面，而不是将数字化技术放在人前面；数字化的主体是人，数字化是工具；需要持守教育+数字化的准则，不能变成数字化+教育。数字化对教育的参与应该是替代教育中简单、重复、不需要思考的工作与学习，从而使师生有更多的精力投入教育教学及复杂的学习中。

数字化的平权体现在区域范围内的数字化均等，经济社会发展的差距必然造成数字化的不均等，政府需要通过政策调整实现均等，确保不同区域的师生在教育数字化方面权利平等。教育数字化本身是一个体系，仅硬件和软件相同并不意味着平权，教育数字化并不必然意味着进入学习型社会，真正的平权还与观念、信息素养、使用技能与效率相关。

平权并不意味着单一，而是多样化、个性化。不同个体不同时间对教育数字化的需求不一样，使用数字化的方式也不一样，教育通过数字化提高质量、促进公平、实现发展的诉求。数字化提供了多样性的技术可能，但在人的观念和社会体制的现实背景下，依然存在数字化演变为单一化，平权演变为单一标准的比拼的较大可能。衡量平权实现程度要看数字化是否为人人、处处、时时可学提供了充足的技术保障。

教育的终极目标是实现每个人的平等与全面发展，即"成人"。为了实现这一目标，在运用技术的同时，我们必须及早地将其纳入法治的轨道，确保多主体能够平等参与并自主选择。只有这样，教育数字化才能够为实施科教兴国战略、办好人民满意的教育以及推动教育现代化发挥积极的效能。

5.理性看待信息技术对教育的作用

三年的疫情推动了在线教育的迅猛发展，信息技术的不断进步也必然引发教育的深刻变革。面对这一趋势，教育必须积极主动地运用信息技术，以实现自身的创新发展。然而，在信息技术迅猛发展的浪潮中，我们也容易被一些迷雾所困扰，以至于难以清晰地看到教育的未来发展方向。因此，我们需要在利用信息技术的同时，保持清醒的头脑，坚定教育的初心和使命，确保技术的运用能够真正服务于教育的本质，推动教育的持续健康发展。

信息与教育虽然都属于不同的领域，但它们之间存在一定的交集，不过并不完全重合。疫情危机加速了在线教育的崛起，然而，在这一过程中，有些人过于简化地将教育等同于知识传播，忽视了教育过程中师生之间的"在场"互动的重要性，以及必须遵循的以人为本、因材施教的基本原则。因此，某些地区在线教育效果不佳也就不足为奇了。我们需要更全面地理解教育的本质，确保在信息技术的运用中，不仅能够传递知识，还能够真正促进学生的全面发展。

教育这个集合包括教育规律、教育原理、教育目的、教育原则、教育方法、教育内容、教育工具等，这些方面从上到下构成教育内部结构。信息技术最多只能算教育的工具和内容，也会在一定程度上影响教育的方式方法，但信息技术不可能影响到更高层的教育原则、教育目的、教育原理与教育规律。所以现在不少人试图用信息技术定义教育，将会被实践和时间证明是不切实际的想法，这些想法形成一团迷雾，对专业见识不够而想要看到真实教育的人们造成了遮挡，也遮挡了教育信息技术发展的现实路径。当下，为了在教育中合理、有效、有态度地利用信息技术，我认为很有必要拨开这团信息迷雾看教育。

有些时候，我们只看到信息技术本身对教育有利的一面，甚至把它当成万能工具，以为它能解决教育公平以及落后地区的教育发展等各种问题，而看不到它本身是一把双刃剑，在给教育带来有利一面的同时，使用不当也会对人造成比以往各种工具更大的伤害。而且，我们或陷入对新工具的过分追求中，忽视了老原理，忘记了老原则，罔顾教育目的，不遵循教育规律。就拿因材施教原则来说，它并不会因信息技术的使用而发生改变，无论使用何种先进信息技术都必须遵守它，并且在新技术条件下要更加严谨和精细。疫情期间，有的人认为大量录制网课就能解决问题，事实证明，这种做法因违背因材施教而最终效果不佳。

还有人把信息技术当成教育的全部，事实上，教育的主要内容还包括情感、态度、价值观，正所谓"亲其师，信其道"。信息技术永远都不可能是教育的全部内容、工具和方式方法，需要与非信息技术的教育内容、工具和方式方法配合，在特征与情境适当的情况下运用才能发挥更好效果。

另一个误区是，把信息技术当成一个产业，用信息产业的产值产量掩盖教育本身价值追求和效益追求。由于一些个人或机构身在产业之中，便常用追求产业增值的目标否定或绑架教育的价值性和教育内在逻辑，比如以"智慧课堂"来装饰用信息技术对教学的全程监控，对不同教学环节进行权力不平衡的信息采集，教育信息化的产值上去了，但教育人本化程度却下降了。

我们同样需要警惕的是，不能仅仅用简单的信息来覆盖教育的表象，而忽视教育的专业性和深度。教育活动拥有数千年的历史，是一个延续数千年的专业连续体，它涵盖了丰富的教育智慧和实践经验。而现代信息技术的发展虽然迅速，但其历史不过百年，相对于教育而言，它的涵盖范围有限。尽管现代信息技术为教育带来了许多便利和可能性，但它无法完全替代或包裹教育的本质。相反，数千年的教育智慧可以借助信息技术得到更好的发挥和应用。信息技术只是一种工具和手段，它不能掩埋或替代教育专业智慧的核心价值。人的健全成长始终是教育的根本目的，无论技术如何进步，这一点都不会改变。因此，我们应该理性看待信息技术在教育中的作用，既要充分利用其优势，又要避免过度依赖或误解其能力。只有这样，我们才能真正实现教育的目标，培养出具备全面素养和能力的优秀人才。

最后一层迷雾是，只看到信息技术对教育的"破"，没有看到教育怎样运用信息技术的"立"，未能注重教育在新基础上的"立"。教育需要积极主动迎接信息技术，根据利与害、适与不适的标准，有态度、有判定、有选择地利用新的信息技术。

以人为本是发展教育信息技术的基本原则，信息技术在教育上的使用，需要使人得到更健全的成长，让每个人获得更多幸福与尊严。

6.如何进入在线教育良治状态

经历2020年的停课不停学后，在线教育被广泛应用，针对在线教育的讨论也越来越多。

对媒体上的讨论做分析不难发现，因为对在线教育了解太少，所以意见分歧较多。在线教育作为一种新出现的教育方式，各种主体都存在了解不全面的情况，比如不少老师没有分析在线与现场教学的不同，拿着课堂上的教案去上在线课；不少学校将原来线下的课表搬到线上课；一些批评在线教育的人批的是在线培训而非在线教育本身；提出对在线教育立法的人仅仅将在线教育当作市场主体，而忘记了公共产品的提供方，公立学校也可提供在线教育；还有人从保护学生身心健康和减少近视角度提出规范在线教育，不了解近距离阅读时间过长、室外活动时间过少才是中国学生近视率增高的主要原因，在线教育与近视增多的内在关联，至今缺少全面系统的实证研究。

简言之，目前关于在线教育的各种讨论显得较为混乱，这主要是由于大家对在线教育的理解普遍不够全面、深入和清晰。在线教育作为一个新兴领域，仍在不断发展变化中，因此我们对其的认识还处于初级阶段。一些投资者由于对在线教育缺乏足够的了解和准确的判断，导致投资出现失误；而一些购买在线教育服务的用户，由于对在线教育的效能不够了解，也容易上当受骗。同时，部分在线教育的主办方未能充分意识到在线教学主要侧重于信息传播，难以充分实现双向交流、情感互动和技能传授，从而将其应用得过于宽泛，导致教学效果不尽如人意。此外，管理方由于对在线教育的了解有限，也使得管理工作难以有效展开。

在线是教育的工具，不必将它各方面过于放大。解决好怎么使用它就为解决在线教育各种问题奠定了决定性的基础。当下最急迫、最现实可行，也是最有效的改进方法，就是增进各方全面完整地了解在线教育的特性，根据它的特征、优劣、长短、利弊来使用它、管理它。

在线教育需要遵循以人为本的原则。从家长和学生角度看，如何用在线教育，要根据孩子的成长发展是否需要、是否合适和对孩子是否有利来决定；对于在线教育机构而言，需要守住自己的课程与教育产品的品质底线，在课程安排与组合、课程开设方式等方面都需要首先考虑学生，遵守学生健康成长第一原则。

增强公众特别是在线教育使用方对在线教育的鉴别能力，可以看出"多病并发"的在线教育病在何处，在越来越多的人学会了选择、使用、恰当安排、与其他方式有效组合的时候，特别是提高师生的信息素养和技术技能，才有进一步办好在线教育的社会基础，才能使各种管理与规范不至于成为"空中楼阁"。

7. 新冠病毒给教育人带来的思考

疫情期间，有人邀请我创作一组以"世界，我爱您"为主题的诗，于是我写下了这样的诗句："此刻，我感到了远方的哀吟，那不只是对此生的惜别，而是延续万物万年共生的表征。"这次新冠疫情的暴发，给人类带来了历史上罕见的灾难。我们遭受了财富的损失，自由被限制，曾经的幸福转为了痛苦。生命在病毒面前显得如此脆弱，一个个鲜活的生命离我们而去。这场疫情不仅对经济、社会造成了深远的影响，更使得世界秩序发生了前所未有的变化。在这样的背景下，教育领域也不可避免地受到了影响。

许多教育工作者在碰面时，最常讨论的话题是学校是否已经开学、在线教学的效果如何、如何防范新冠病毒感染，以及家庭应该如何应对疫情等问题。然而，关于新冠疫情的暴发与教育领域实际运行状况是否有所关联，大家却鲜少提及。在大多数人的观念中，新冠病毒的暴发显然与公共卫生密切相关，而与教育似乎并无直接联系。

然而，我们也能看到，各种媒体上充斥着大量关于疫情下学校如何应对的文章和言论。事实上，一些地方在复学后，确实出现了家长、学生与教师等各方面未曾预料到且未能妥善处理好的问题。这次，几位校长和老师分别从学校管理、教学实施、教育理念以及学生心理适应等多个方面，向大家分享了自己的应对举措和经验，这些都是基于实际情况而提出的。

从正常的因果逻辑出发，如果我们要认定疫情对教育产生了冲击，并且学校需要采取相应的应对举措，那么首先就必须追根溯源，深入探究新冠病毒的暴发与教育之间究竟存在何种相关性。只有这样，我们才能更加精准地找到问题的根源，提出有效的对策。同时，我们也需要明确教育在此情境下究竟应该扮演怎样的角色，以及采取哪些措施更为有效、必要、长远和系统。

古人有言："行有不得，反求诸己。"回顾人类的发展和教育历史，我们可以发现，早期的人类主要通过狩猎、耕种等方式向外界索取资源。然而，人类文明史上的一级重大台阶是不再仅仅依赖向外求索，而是从向外求索转向自觉地反求诸己，开始自觉地反思自己。通过反省自己，改变自身来获得更好的发展和更幸福的未来。这种反思与自我改变的精神，实际上是人类教育最早的功能，也是未来教育功能不断提升、优化所需要且可能的方向，是教育改进的重要方向和可能性。据此而言，如果教育未能培养人在他所处的特定时期与周围微生物在发展、变化中建立起新的平衡能力，那么新病毒的暴发就成为了万物万年共生过程中的一种表征。

病毒的暴发不仅与病毒本身的特性有关的因素，还受到自然灾害、气候变化、土地利用、城市化与居住环境、社会治理等多方面因素的影响。还有人类个体是否接受了教育，是否具备自觉意识和能力来维护生态平衡而不破坏它也是至关重要的因素。因此，我们需要在教育中加强生态意识的培养，使人类能够更好地适应和理解自然，与自然和谐共生，从而减少类似疫情的发生，实现更加可持续的发展。

正因如此，教育工作者在经历了这次疫情后，首要的任务应当是思考如何提升师生及相关教育参与者的"反求诸己"能力。这种反思的首要对象是人本身。我们在培育人才的过程中，是应该仅仅关注知识的获取，还是应该同时注重培养学生随时反思自己、检验自己的能力呢？我们是否意识到了培养与自然友好相处的意识和能力的重要性？同时，反思的对象不应仅限于个体层面，还应该扩展到学校管理的各个环节、教学理念以及学生心理适应等与教育教学密切相关的各个方面。只有这样，我们才能更全面地审视和改进教育工作，确保教育在应对类似挑战时能够发挥更大的作用，为人类的长远发展和与自然和谐共生做出更大的贡献。

接下来，我们需要引导师生深入反思人与自然之间的相处之道。人类作为自然的一部分，每个人都是人类数百万年进化历程中的独特体现，我们与自然是紧密相连的生命共同体。然而，人类对自然的态度有时过于盲目、自信，有时又显得过于浅薄无知和功利，这种态度导致我们忽视了环境的保护，甚至因无知而损害了自然环境。事实上，这样的行为最终伤害的正是人类自己，破坏环境必然会给人类带来灾难。因此，正确处理人与自然的关系成为了人类追求生存与幸福的重要课题，也是教育领域绝不容忽视的主题。教育必须承担起引导人类正确看待自然的责任，确保人类不断提升的改造自然的能力不会演变为破坏自然环境与生态平衡的力量。我们需要在教育内容中融入对人与自然和谐共生的理念，培养师生尊重自然、爱护自然的意识，让他们能够真正理解并实践与自然友好相处的智慧。

善待自然并不仅仅是个人修养的问题，实际上，人类社会中不同个体对于如何与自然友好相处的认识和行动往往存在差异。这种差异既有教育方面的原因，也需要通过教育来加以改善。同时，我们还需要提高人类对于不良环境可能带来报复的防范意识。新冠病毒的暴发，正是促使人类重新审视自身自然属性、重新规范社会属性的契机。我们必须构建一个更加亲和自然的社会，才能为人类的生存和发展创造更有利的基本条件。这意味着我们需要形成一个人类善待自然的生态系统，让每个人都能够认识到自己的行为对自然环境的影响，并采取相应的措施来保护环境。因此，教育在这一过程中扮演着至关重要的角色。我们需要将现代环境安全意识普及给每个人，让大家都能够认识到保护环境的重要性，并学会如何在日常生活中践行环保理念。

更为具体地说，公共卫生事件的"公共性"特质与教育作为公共产品的属性，决定了教育在面对疫情时不能置身事外。在突发公共卫生事件中，无论是个人、机构还是国家，都很难独善其身。因此，对疫情的防控不仅仅局限于防范病毒本身，还需要维护良好的社会秩序，实施环境的综合治理。新冠病毒的暴发，进一步警示我们教育在其中必须发挥更大的作用。我们需要通过教育来改变人们的卫生陋习，提高预防意识和风险意识，让人们掌握必要的预防技能，并严格遵守卫生秩序。同时，我们也要教育所有人消除置身事外的心态，特别是教育工作者，更不应有这种心态。我们应该将更多的目光放在改善自身赖以生存的自然环境上，从日常生活的细节做起，如勤洗手等卫生习惯的养成，来实施卫生、健康的教育。这样，我们才能真正做到预防为主，减少疫情的传播风险，保护人类的健康与安全。

中国古人早已领悟"天人合一"的深刻道理，他们从过于自私的"人物两分"的"自我"观念中走出来，致力于自我超越，追求"物我与也"的人生境界。只有经过这场与新冠病毒的艰苦抗争，我们才能吃一堑长一智，实现自身的提升、完善与超越。我们应基于"共生"的理念，共同建设我们的美好家园，努力过上可持续的幸福生活。这次疫情是对我们的一次深刻考验，也是我们成长和进步的重要契机。只有坚持"天人合一"的理念，与自然和谐共生，我们才能迎来更加美好的未来。

8.警惕教育数字化被误导为"智慧教育"

在国务院开展的第九次大督查中，暴露出一些问题。一些地方的学校竟然将孩子是否缴费购买平板电脑作为能否进入所谓的"智慧班"的标准，这种做法不仅严重损害了教育的公平性，也错误地将数字化技术用于不恰当的目的。随着信息技术的迅猛发展，"智慧教育"这一名词被滥用，导致很多人对其产生误解。

"智慧教育"常被作为教育信息化的代名词，有人甚至直接将在线教育称为"智慧教育"。一般而言，"智慧教育"指在教育管理、教学、评价和科研各领域全面深入地运用现代信息技术促进教育的运行和发展。在这个过程中，有没有智慧、谁才有智慧是决定可否使用"智慧教育"一词的关键。

首先必须明确，智慧是生命个体所具有的基于生理和心理器官的一种高级创造思维能力。到目前为止，所有信息和人工智能技术都不具备"智慧"的基本条件，用"智慧"来修饰"教育"指代使用某种技术是不可取的，混淆了历史长期积累形成的"智慧"这一词语的内涵。在教育各要素中唯有人是有智慧的，现有的任何技术都不具有智慧。

"智慧教育"一词使用的问题还在于，信息技术本身是把双刃剑，使用它是利弊并存的，将它包装成"智慧教育"是在有意隐瞒对它利用不当可能造成的伤害，对于对它的特性未全面深刻知晓的使用者则是一种有意的迷惑和蒙蔽，对此不澄清则会误导社会、贻害教育、伤及未成年人。

在教育领域，单纯以是否使用了信息技术来判断是否为"智慧教育"是不切实际的。自古以来，教育的本质中就蕴含着"智慧教育"的理念。例如，苏格拉底的"产婆术"、雅典学园的教学方法，以及中国古人提倡的因材施教、教学相长、启发式教学，等等，都是"智慧教育"的典范。这些传统教育方法相较于单纯使用信息技术工具的教育方式，更能体现"智慧教育"的真谛。

同时，历史和现实中也不乏未使用信息技术的智慧教育案例。许多人都能感受到非技术因素在教育中所带来的智慧。相反，有些教育者在教学中虽然运用了数字化、网络化、多媒体等先进技术，却依然停留在灌输知识和追求考试分数的层面，这样的教育方式与"智慧教育"背道而驰。它们不仅未能激发学生的自主性和想象力，反而在一定程度上限制、压抑甚至摧毁了师生的智慧。

因此，我们不应将"智慧教育"简单地等同于使用信息技术，而应更加注重教育过程中的智慧启迪和个性发展。只有这样，我们才能真正实现教育的本质目标，培养出具有创新精神和实践能力的人才。

从哲学和现实分析，智慧的主体在可预见的将来都只能是人。信息技术和人工智能无论发展到什么程度都只是工具，不可能具有智慧。鼓吹工具的智慧必然造成对目的的遮蔽，是对现实中的鲜活的、主体性的人格和智慧的忽视，这必然造成对一部分原本存在智慧的人的伤害，这个过程与教育和成人的目标、逻辑是完全相背离的，将使用信息技术的教育称为"智慧教育"极为滑稽。现实中已经出现由此受到伤害的例证。

正因如此，教育部在教育信息化建设的文件中只使用"加快教育数字化"这一表述，而没有使用"智慧教育"。

然而，令人遗憾的是，仍有一些人出于商业目的，热衷于使用和宣传"智慧教育"这一概念。但他们是否真正深入调查过长时间在这种"智慧教育"模式下接受教育的学生们的真实感受？又是否真正预想过在这种"智慧教育"下未成年人的成长情况呢？实际上，已经有足够的实证素材揭示了其中存在的几个关键问题。学生们如果长时间处于单向操作的信息控制的"智慧教育"平台中，他们的自主性会受到严重损害，机械性、标准性、被动性则会逐渐增强。这不仅导致他们难以生成正常的人际情感，更难以获得应有的尊严感。技术本身是一把双刃剑，使用得当可以带来便利与进步，但如果不恰当使用，其对个人和社会的伤害往往比不使用更大。因此，我们呼吁相关机构和人员，在推动"智慧教育"的同时，必须关注其对学生的实际影响，确保技术的使用真正服务于教育目标，而非仅仅为了商业利益。同时，我们也需要加强对"智慧教育"理念的深入探讨和理解，避免将其简单等同于技术使用，而忽视了教育过程中的人文关怀和智慧启迪。

为此，对未来有责任感的人们都应该尽快走出所谓的"智慧教育"迷雾。

在信息技术快速发展的未来，能否坚守以人为本，以学生发展为本，以适合还是不适合为标准，将成为考验相关当事人是否真正具有智慧的试金石。